CONTENTS

Success15

https://success.waseda-ac.net/

10

サクセス15

October 2023

Special School Selection

東京都　杉並区　共学校

東京都立西《にし》高等学校

「自主自律」で臨む3年間を通じて「器の大きな人間」になる

東京都立西高等学校には、主体的な姿勢で学校生活を送る生徒が集います。教員と生徒がともに作り上げる授業で学力を高め、多彩なプログラムで教養を深めることができる学校です。

「文」「武」どちらにも全力で取り組んでほしい

1937年創立の東京都立西高等学校（以下、西高）。「文武二道」「自主自律」「将来を見通した進路指導」を教育方針に掲げ、「国際社会で活躍できる器の大きな人間」の育成を行う学校です。「文武二道」の「文」は幅広く学び、知識や教養を養うこと、「武」は学内の活動に加えて、学外のコンクールなどにも積極的に挑戦することを意味し、生徒は「文」「武」どちらも極めることをめざしています。

萩原聡校長先生は、「高校生活を送るにあたっては、受け身ではなく能動的な姿勢で、なにごとにも積極的に取り組むことを期待しています。『自主自律』を教育理念としていますから、生徒を細かい規則で縛ることはありません。だからこそ、自分の行動は周りの人に嫌な思いをさせていないだろうか、と1人ひとりがつねに考えるように促しています。

ある分野で高い能力を発揮する生徒も多いので、それぞれの持ち味を活かし、仲間とのふれあいを通じて、視野を広め学びを深めてほしいですね。そのなかで進路や将来についてもしっかりと考えな

萩原《はぎわら》 聡《さとし》 校長先生

School data

所在地：東京都杉並区宮前4-21-32
アクセス：京王井の頭線「久我山駅」徒歩10分
生徒数：男子485名、女子469名
T E L：03-3333-7771
U R L：https://www.metro.ed.jp/nishi-h/

- 3学期制
- 週5日制
- 月・水・木7時限、火・金6時限
- 50分授業
- 1学年8クラス
- 1クラス約40名

がら心身ともに成長してくれることを願っています」と話されます。

「授業で勝負」が合言葉 ICT機器も存分に活用

西高では高1、高2は共通履修（芸術科目は選択制）で学び、高3で希望する進路に沿って文理に分かれます。合言葉は「授業で勝負」。生徒は1時間1時間集中して取り組み、教員は基礎基本を押さえつつ、生徒の知的好奇心に応えうる授業を展開します。教員が一方的に知識を伝えるのではなく、問いを投げかけ、生徒自身で、あるいはクラスメイトとともに、答えを探していくのが同校の授業のスタイルです。どの生徒も「いま自分はなにをするべきなのか」を意識して授業に臨んでいます。

そしてそこでは、ICT機器も頻繁に使われています。活用方法は、課題の提出に加え、プレゼンテーション用の資料を作ったり、クラス全員の意見をプロジェクターで瞬時に見たりと様々です。

「小テストは授業内で各自採点後、解答用紙をPCに内蔵されているカメラで撮影しデータを提出させています。そうすると生徒は解答用紙の返却を待つことなく、その日のうちに自身で振り返りを行えますし、教員もデータとして手元に残しておくことができます。また英作文の宿題はあらかじめデータで送ってもらい、英語科の日本人教員とネイティブスピーカーの教員で添削をしたうえで授業内容を組み立てるなど、よりよい指導を行うために各教員が工夫しています」（萩原校長先生）

視野を広げ自分と向きあう 高1・高2の探究活動

総合的な探究の時間を使って行われる、高1の「企業探究」、高2の「個人探究」も、生徒たちが自身で考え、答えを探っていく力を高める取り組みといえます。

企業探究は、複数の企業から与えられるミッションに応えていくものです。昨年度は6社からミッ

ションが与えられ、クラスのなかで企業ごとにグループを作り挑戦しました。生徒はまずその企業について調べることから始め、理念に合った答えを探っていきます。

　例えば菓子メーカーからの「心がはしゃぎだす」をテーマとしたミッションに対しては、商品の原材料やパッケージの素材にフォーカスしたグループもあれば、原材料収穫から商品が完成するまでの過程を楽しむテーマパークを作ると考えたグループもあるなど、それぞれが試行錯誤し、オリジナルのアイデアを生み出しています。

「クラスの枠を越えて、同じ企業のミッションに挑戦しているグループが集まる機会や、企業の方にプレゼンテーションしてコメントをもらう場もあります。発表の経験を積むことで、プレゼンの際に寸劇を入れたり動画を流したりと、どう伝えるかにも工夫がみられるようになり、段々と成長している過程がわかります。

　これは、外部の機関を通して導入しているプログラムで全国大会も開催されています。学校という枠を飛び出して社会とのかかわりを意識することにもつながるので、生徒の視野が広がっているのを感じますね」（萩原校長先生）

　高1のグループでの探究を経て、高2では個人探究に臨みます。自分の興味関心に沿ってテーマを設定し、ポスターセッションののち論文にまとめます。その意義について萩原校長先生は「自分はなにに興味があるのか、自分と向きあうことで、その後の進路がみえてくることもあるでしょうし、たとえ進路につながらない場合でも、高校時代に探究活動を経験し、探究活動のスキルを身につけておくことは、大学やその後において大きな意味があると考えています」と話されます。

教養を深め刺激を受けるプログラムが充実

　ここまでお伝えしてきたような全員が取り組む授業以外にも、三

施設

探究活動でも使用される天井が高くて開放的な図書館や350名収容可能な視聴覚ホールなどの施設もそろっています。

図書館

視聴覚ホール

授業

教員も生徒も真剣に臨む濃密な時間が流れています。

英語：ペアワーク

化学・実験

オンライン英会話

多彩な取り組み

「器の大きな人間」となれるよう、各教科の授業以外にも魅力的な取り組みが実施されており、様々な力を伸ばすことができます。

探究発表会

理科野外実習・三宅島

土曜特別講座：映画鑑賞と討論の会

アメリカ研修

インドネシア姉妹校交流

宅島での「理科野外実習」をはじめとした希望者対象のプログラムが多く用意されているのが西高の特徴です。

「土曜特別講座」は、大学受験に向けたものから教養を育むものまで多彩な講座が開かれます。源氏物語を楽しむ講座、世界各国の料理を作ってみる講座、ニワトリの受精卵の様子を観察する講座など、普段の教科での学びをさらに深めたい、教養を身につけたいと考える生徒にとって魅力的なものばかりです。

また、コロナ禍では中止されていた国際交流プログラムも今春から再開されています。ハーバード大学を訪れて学生と交流したり、日本企業の海外支社で働く日本人から話を聞いたりするアメリカ研修や、相互訪問を行うインドネシアの姉妹校交流などがあります。

「国際交流プログラムは、海外に目を向け、世界がどのように動いているかを考えるきっかけになります。海外の学生は将来に明確なビジョンを持っている人も多いので、まだ進路を決めかねている生徒には刺激になるでしょう。

また、海外の人とコミュニケーションを取るためには、英語力が必要なのだと改めて認識することで、学びへの意識も変わるはずです。帰国後は、現地での経験をほかの生徒に話す場も設けているので、参加しなかった生徒も影響を受けています」と萩原校長先生。

卒業生もいっしょになって 生徒の自己実現をサポート

西高では大学進学を自己実現への第一歩と考えています。そのための指導体制も万全で、大学受験にかかわる様々な情報が掲載された「進路部便り」を年40回ほど発行しています。また定期考査のほか、実力考査や模擬試験など、生徒が自らの学力を把握したうえで、得意を伸ばし、苦手を克服する機会を豊富に用意しています。

前述したICT機器も活用され、考査前の質問や志望校の過去問の

部活動

多くの部は活動時間を２時間に定めています。短い時間であってもメリハリをつけて集中して活動しています。

アメリカンフットボール部

管弦楽部

園芸部

行事

能動的な姿勢が大切にされるのは行事でも同じです。行事は生徒主体で企画・運営を行っています。

クラスマッチ

林間学校

運動会

進路指導

卒業生の協力も大きい進路指導。同じ学校で学んだ卒業生の言葉だからこそ響くものもあるのでしょう。

添削などもオンライン上でやり取りされています。生徒の過去問の記録を蓄積し、その後の進路指導の参考にしたり、同じような疑問を持つほかの生徒が質問・回答を見られるようにしたりと、オンラインだからこそのメリットを活かして、有効に使われています。

卒業生によるサポートが多数あるのも魅力です。現役大学生は、「進路ガイダンス」（高2対象）で大学についての説明を行い、チューターとして日々の学びも支援しています。さらに社会人の卒業生による「訪問講義」や「パネルディスカッション」もあります。

「訪問講義」は全学年を対象に年4回行われ、そのテーマはデザイン、医療、メディア、ITなど、多様です。「パネルディスカッション」は、ある代の卒業生たち自身がテーマを決めて6名で座談会を行うものです。昨年度は大学の教授やテレビ局の社員として働く卒業生が「失敗や危機を乗り越えて」をテーマに話をしました。

「訪問講義」や「パネルディスカッション」は、現在の仕事の話だけでなく、高校時代の勉強や部活動、行事についても聞くことができるため、生徒は「同じ学校で過ごした先輩が社会でこんな活躍をしている。自分もそうなりたい」と、大学進学、そしてその先の将来について、改めて考えるようになるといいます。

「国際社会で活躍できる器の大きな人間」をめざして、能動的な姿勢で過ごす学校生活のなかで、様々な経験を積んで成長していく西高の生徒たち。萩原校長先生は終わりに「部活動も行事も盛んな学校ですから、本校での高校生活は忙しい、と生徒は口をそろえます。しかし、どの活動にも全力で取り組んでほしいと思います。そうすれば、卒業後、振り返ったときに『価値があった』と感じられるものになるでしょう。高校時代の頑張りは、大学、そして社会に出たあとも、きっと活きてくるはずです。

西高では、土曜特別講座をはじめ、みなさんの知的好奇心を刺激する多くのプログラムを用意しています。ぜひ自らの意思で選び取り、色々なことに挑戦していきましょう。みなさんの入学をお待ちしています」と話されました。

チューターによる指導

弁護士の出張授業

パネルディスカッション

■2023年３月　大学合格実績抜粋　（　）内は既卒

国公立大学		私立大学	
大学名	合格者数	大学名	合格者数
北海道大	14（7）	早稲田大	144（63）
東北大	6（3）	慶應義塾大	86（34）
筑波大	5（0）	上智大	50（21）
お茶の水女子大	4（0）	東京理科大	122（66）
東京大	17（9）	青山学院大	21（10）
東京医科歯科大	1（0）	中央大	54（25）
東京学芸大	4（0）	法政大	43（24）
東京工業大	10（4）	明治大	152（78）
一橋大	20（5）	立教大	55（34）
京都大	18（10）	学習院大	8（2）
大阪大	2（0）	国際基督教大	3（2）

写真提供：東京都立西高等学校　※写真は過年度のものを含みます。

その研究が未来を拓く

研究室にズームイン

ペンギンやハチドリの「羽ばたく翼」を分析

東京工業大学　工学院機械系　田《た》中《なか》博《ひろ》人《と》准教授

日本には数多くの研究所・研究室があり、そこではみなさんの知的好奇心を刺激するような様々な研究が行われています。このコーナーではそんな研究所・研究室での取り組みや施設の様子を紹介していきます。今回は東京工業大学で、生物学と工学を融合した研究を行う田中博人准教授の研究についてお伝えします。

画像提供：田中博人准教授

田中《たなか》 博人《ひろと》

東京大学工学部産業機械工学科卒業、東京大学大学院情報理工学系研究科知能機械情報学専攻修士課程修了、同博士課程修了、ハーバード大学研究員、千葉大学特任助教を経て、2015年より東京工業大学准教授

昆虫から鳥類へ変わらぬ興味

生きものの生態を探る生物学と、ロボットを作る工学。この一見すると関連がないような分野を融合して研究を行っている研究者がいます。それが東京工業大学（以下、東工大）の田中博人准教授です。田中准教授は学生時代、チョウの翅《はね》、とくにその羽ばたきに関心を寄せ、研究をしていました。そして現在はペンギンやハチドリの羽ばたきについて探っています。

「『羽ばたく翼』に興味があります。昆虫から鳥へと研究対象が移ってもそこは変わっていませんね。流体力学の知識を活かして、どのように羽ばたいているのかを探り、理解を深める一環として羽ばたく翼を持つロボットを作っています」と話される田中准教授。

翼を持つ機械といえば、飛行機やヘリコプターを思い浮かべる人も多いでしょう。しかし、飛行機は翼が動かない「固定翼」、ヘリコプターは翼自体が回る「回転翼」です。田中准教授が研究されているのは羽ばたく翼。そこにはどんな特徴があるのでしょうか。キーワードとなるのは、安全性、俊敏性、効率性です。

安全性：生物を模倣したしなやかな翼は、衝突しても壊れにくい特性があります。またその羽ばたきは往復運動のため、衝突した際に衝突物を巻き込むことがなく安全です。

俊敏性：生物は天敵から逃げるためやエサを取るために素早く動く必要があり、1回の羽ばたきで大きな力を出し加速します。その特性をロボットに取り入れ俊敏性を実現。

効率性：急降下の際に翼を折りたたむ鳥がいるように、ロボットの翼も折りたためるようにし、空気抵抗を減らして飛行や遊泳の効率を高めます。

ペンギンの身体を計測

ペンギンの体重や翼の長さを測定。田中准教授が飼育員との信頼関係を築いているからこそ、協力を得られています。

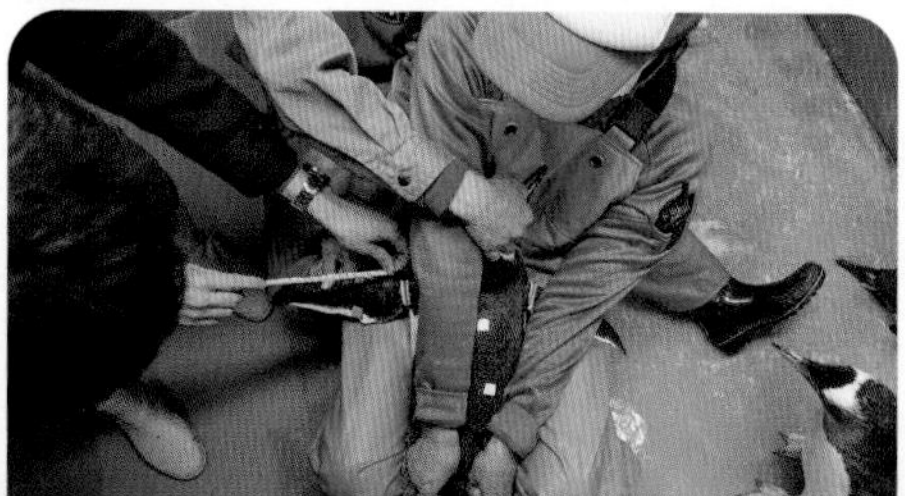

意外にも知られていないペンギンの泳ぎ方を観察

「幼いころから、自動車や飛行機、とくにF1のマシンや戦闘機に興味がありました。どちらも製作者の思いがデザインに顕著に表れるものなんです。どうしてこの部分はこのデザインにしたんだろうと考えながら見るのが好きですね。

生物も同じ気持ちで観察します。ペンギンの翼はどうしてこんな形なんだろうと。翼は泳ぐためのものですから、空気抵抗などを極力減らす形になっているはずです。そうした流体力学からみる機能面はもちろん、生物ならではの美しさもありますから、そこに惹かれます」と田中准教授。

ペンギンは水族館でもよく見かける、人間にとって身近な生物といえます。しかし、意外にもその泳ぎ方などについてはあまり知られていないそうです。鳥類ではあるものの飛ばず、陸上ではぺたぺたとかわいらしく歩き、水のなかに入るとすいすいと気持ちよさそうに泳ぎます。

その泳ぎを可能にしているのが、ペンギン独特の翼です。空を飛ぶ鳥の翼は、たくさんの風切羽でできており、薄くて軽いです。一方、ペンギンには風切羽はなく、骨格と肉が

泳ぎ方のデータを取得

水中にチェーンやカメラを設置し、実験を開始。翼の細かい傾きなど、詳細なデータを取ります。

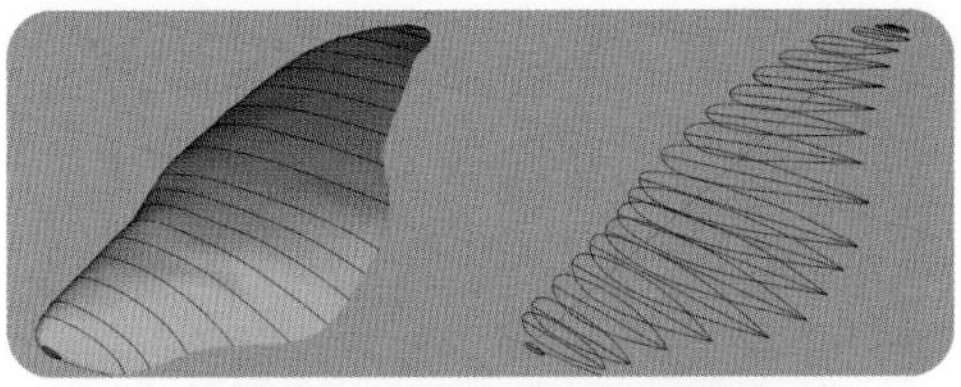

3Dスキャナーを使用して得られたペンギンの翼の形状。

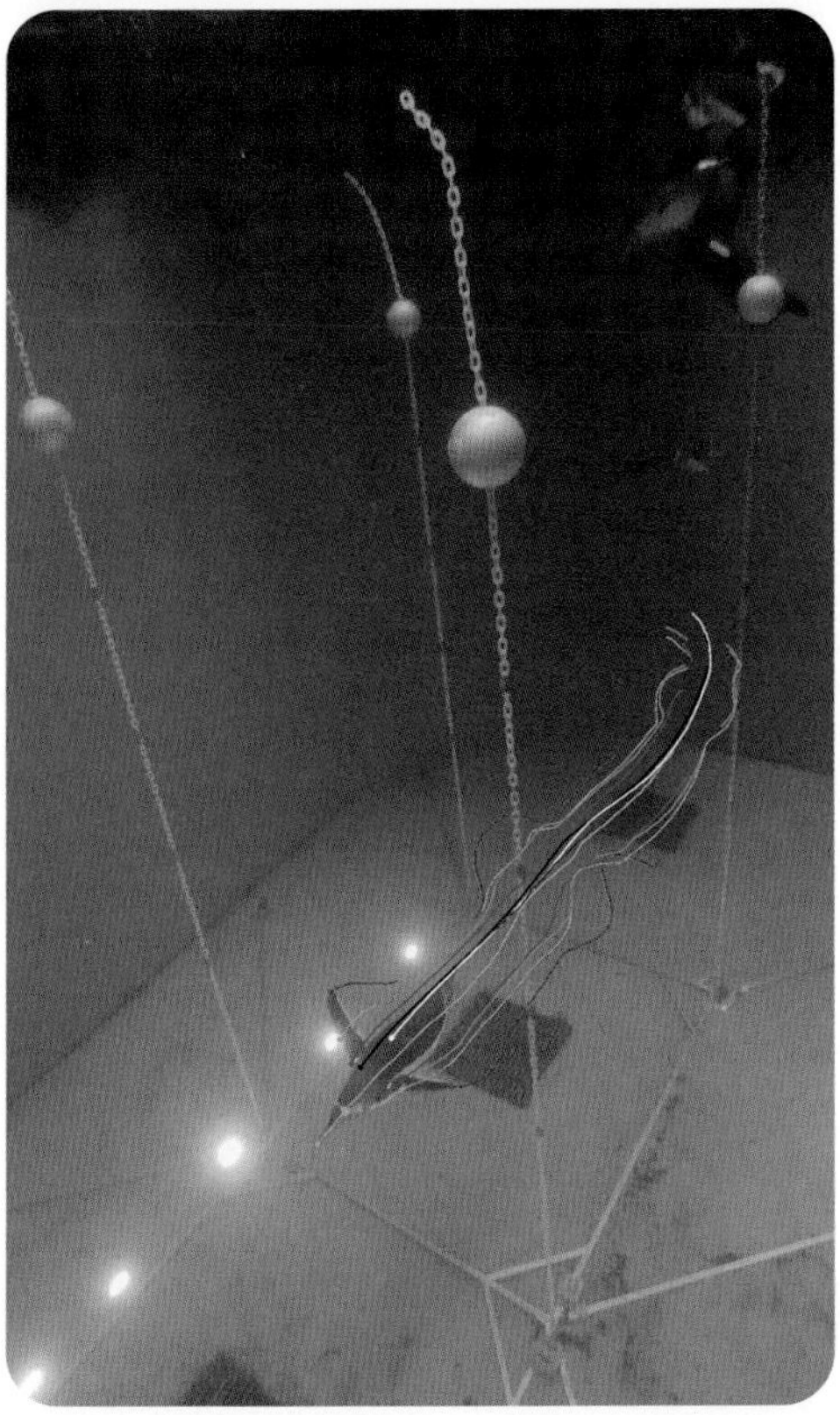

実験後は、どんな風に翼を動かし、その結果、どのように進んでいるのかを解析していきます。

飛行機のような分厚い翼を形成します。これで、水の大きな力にも耐えられます。

生物を研究するには、まず「観察」が重要だと田中准教授は考え、水族館の協力を得て、体長や翼の大きさを計測し、泳ぎ方を分析しています。

「3Dスキャナーで翼の形状を測りました。またペンギンの翼と胴体にテープで印をつけて、多数の水中ビデオカメラで同時に撮影して、運動を解析しています」（田中准教授）

実験には、言葉を交わすことができない生物ならではの難しさもあるそうで……。例えば、水槽に設置した撮影ポイントである、チェーンの間を泳いでほしいと考えているものの、リハーサルではまったく泳いでくれなかったことも。ペンギンがチェーンを警戒しているのであれば、翌日の本番ではチェーンを外すべきか、しかし取り去ってしまうと確実なデータが取れないことも考えられ、外すべきか残すべきかを学生と時間をかけて話しあったそうです。

「あのときは悩みましたね。結論としては、慣れてくれることを願って残すことに決めました。すると、本番では見事にチェーンの間を泳いでくれたんです。とても思い出深い実験です」と笑顔で田中准教授は当時を振り返ります。

学生の意見を取り入れともにロボットを作る

水族館での実験を終えてデータが

取れたら、データの解析、そして実験室での実験が始まります。3Dプリンターで作ったペンギンの翼の模型を、大学内にある回流水槽で動かすこともあります。回流水槽は、水を循環させることで、人工的な流れを作り出せる装置です。水の速さや模型の角度を変えながらデータを取り、水族館のペンギンのデータと比較します。

さらに、ペンギンの羽ばたきの特性を持つロボットを作るためにはどうするべきかも考えていきます。しかし、田中准教授がめざしているのはロボットのペンギンを製作することではありません。

「生物を完全に人工的に再現するのは無理があります。生物は細胞分裂によって成長しながら形ができあがります。一方、人工物では、大きな素材を加工して小さな形を作ります。それぞれ、作りやすい形が違うのです。ペンギンの特性とはなにかを理解し、その原理を単純化してロボットに表現する、それが私の研究手法です」と説明されます。

水中で動くロボットは、当たり前ですが耐水性がなければならず、それも難しさの1つだといいます。「最初はできる限りロボット全体に水が入らないように設計しようと考えていたのですが、そもそも水のなかでも壊れない仕組みで、重要な部分だけ水から守る形に変えようと発想を転換しました。ロボット作りが得意な学生が研究室にいて頑張ってくれています」（田中准教授）とのこと。

田中准教授は、学生の意見にもしっかりと耳を傾けて作業を任せており、研究室一丸となって研究を進めています。研究の一端をきちんと担わせてもらえることは、学生にとってよい経験になることは間違いないでしょう。

「自分1人だけで研究をしていると、自分の得意なことしかできませんよね。複数人で研究を行うと、ほかの視点からの考え方を知ることができますし、自分だけでは難しいアプローチも可能になります。それが研究室で研究を行う醍醐味でしょう。そして、たとえ学生が卒業していってしまっても、新しい学生が入ってくると、また新たな発想がもたらされて、研究は継続していくんです。学生には、自分からどんどん意見を言ってほしいですね」と話されるように、対等の研究者として学生の意見を取り入れる気持ちを持つ田中准教授の研究室だからこそ、学生も自由に自分の考えを言える雰囲気があるのです。

回流水槽

翼の傾きと、泳ぐための力の関係を分析するのに欠かせない回流水槽。何度も実験し、よりよい翼の模型を作り上げます。

学生とともに研究

学生と意見を交わし、それも反映していくのが田中准教授のスタイルです。「目の前の研究を楽しんで、おもしろがってくれるのが一番です」と話されます。

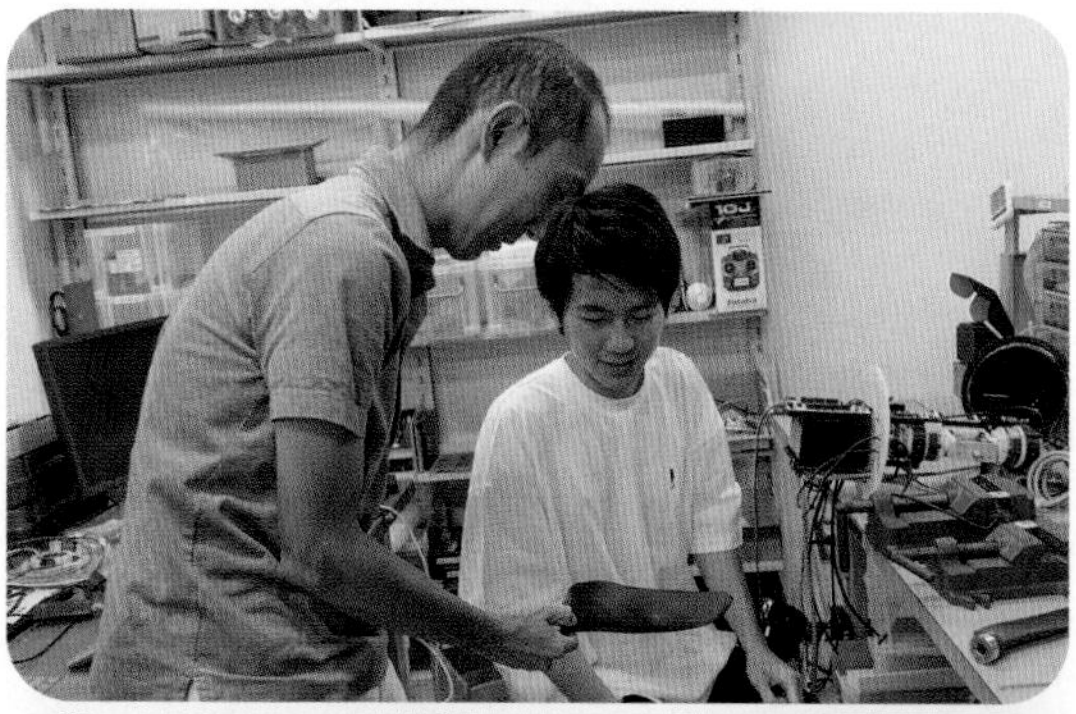

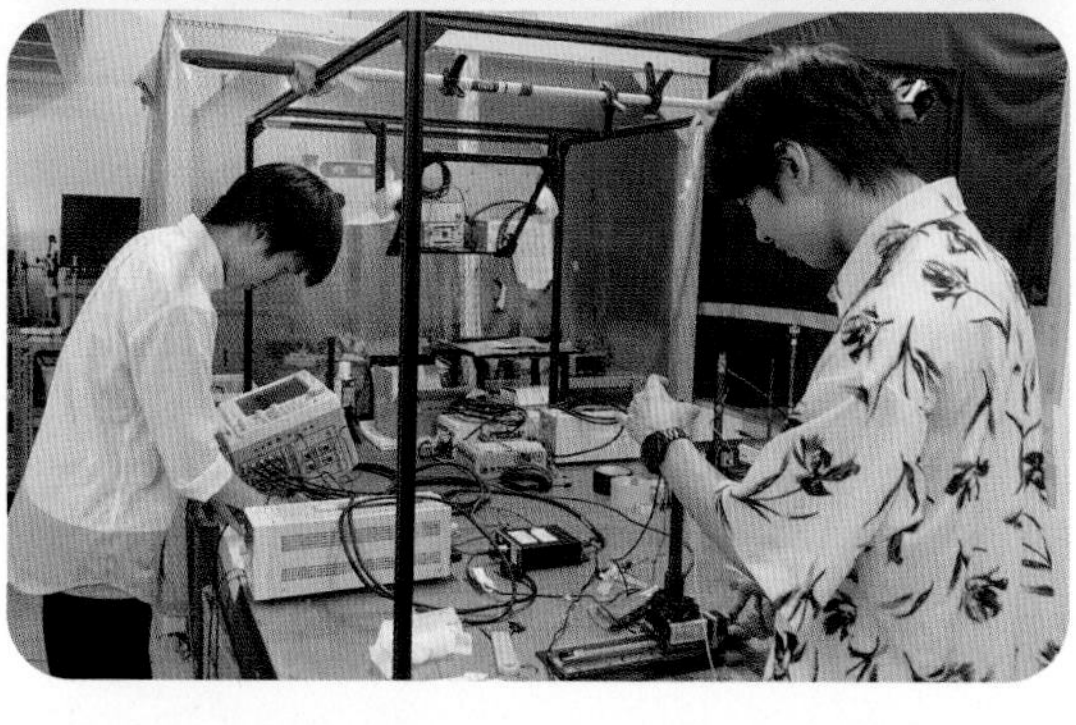

体表の毛並みに着目
そこには意外な秘密が

すでにお伝えした通り、田中准教授はペンギンの翼の形や動かし方について研究されています。加えて着目しているのが、胴体の表面の毛並みです。それは、ある一定のパターンを構成しているというのです。

毛が生えているのは保温のためですが、泳ぐ際の抵抗を減らすには、毛がなくツルツルとしていた方が有利とも感じられます。そこで、ペンギンの毛並みのパターンを単純化したモデルを作り、回流水槽で実験したところ、そのパターンで毛が生えているからこそ、水の抵抗が3％ほど減少していることが判明しました。

「法則性のある毛並みを見たときに、ここになにか意味があればおもしろいと思ったんです。実験前は完全な妄想でしたけどね（笑）。その発見はほかの分野にも応用できる可能性があることがわかり、手応えを感じています。例えば化学工場のパイプなど、スムーズな流れが重要なものはたくさんあります」と田中准教授。多くの人は、「ペンギンは毛が生えているもの」と思うだけで終わってしまうかもしれませんが、それを「当たり前」と思わず、「なぜだろう」と考える姿勢が、新たな発見につながることがわかります。

ハチドリのホバリングに興味 しなやかな翼を人工的に作る

さて、もう1つの研究対象、ハチドリについてもご紹介しましょう。みなさんはハチドリを見たことがありますか。その名の通り、ハチ、つまり昆虫のように小さな身体の鳥です。特技は、花の蜜を吸うために、翼を高速で動かして空中で停止する「ホバリング」。鳥で頻繁に、そして持続的にホバリングをするのは、ハチドリだけともいわれています。

ハチドリ以外の鳥は、翼を打ち下ろすときだけ飛ぶための力（揚力）を出しますが、ハチドリは打ち上げの際にも揚力を出すのです。この飛び方は昆虫にも似た飛び方です。ホバリングを可能にするためには、軽くてしなやかな翼が必要になります。それを人工的に再現できないかと、田中准教授は研究を進められているのです。

ペンギン同様、まずは観察が重要だと田中准教授。ハチドリはその小ささから印をつけることができなかったので、風切羽の軸や翼全体の輪郭を手がかりに解析しました。

協力を仰いだのは動物園です。ハチドリはそれぞれに縄張りのエサ場があり、ホバリングをするポイントは予測できるため、そこに向けてカメラを配置すればいいのですが、そこには試行錯誤があったそうで……。

背景が一定でなければきちんとしたデータが取れないため背景板を置いたり、カメラを警戒してハチドリがエサ場に近づかないとなれば、ダミーカメラを一定期間設置して慣れさせたりと、様々な工夫をしたうえ

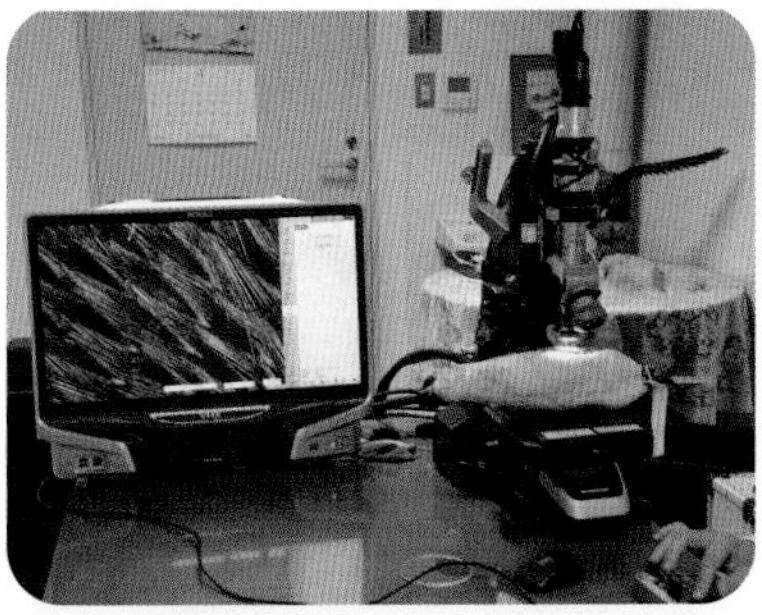

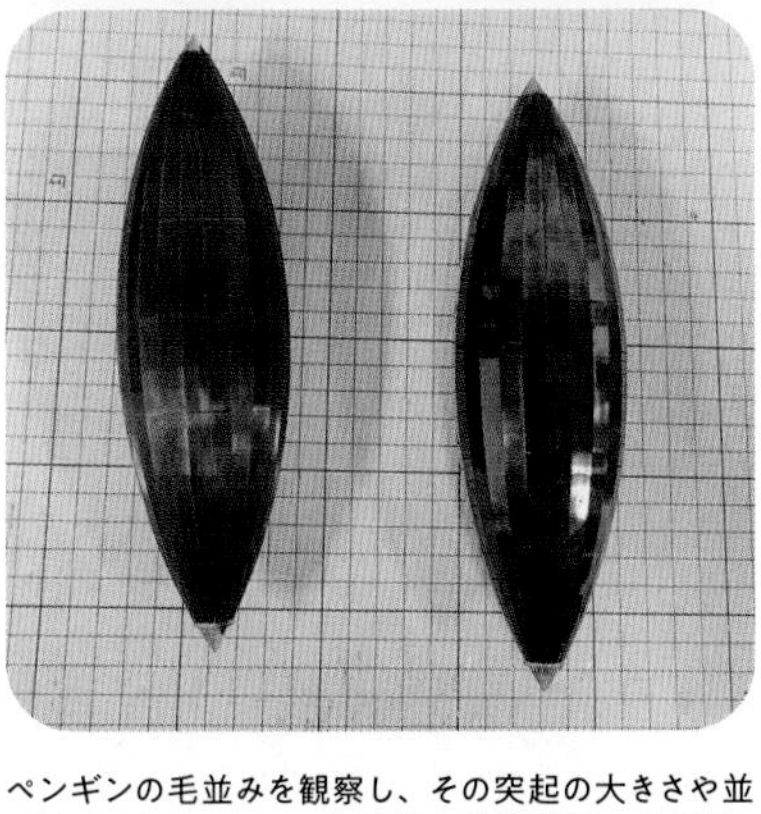

ペンギンの毛並みを観察し、その突起の大きさや並び方などのパターンを発見。試行錯誤しながら、人工的にその毛並みを再現しました。

プールでの実験

田中准教授と学生たちの工夫が詰まったロボットを、東工大のプールで泳がせる遊泳実験。なんともかわいらしいシルエットです。

ハチドリの観察

複数台のカメラを使って、ハチドリのホバリングを撮影。「私は映画が好きで、撮影方法などは、その知識も役立っています」（田中准教授）

千葉大学 劉研究室在籍時に撮影

4方向からハチドリをとらえます。マーカーをつけることができなくとも、撮影方法を工夫することで、確かなデータを取得しています。

で本番を迎え、やっとデータが取れたといいます。

その動きを分析する一方で、現在はハチドリのようなしなやかで軽くて丈夫な翼を作るための方法と設計を学生たちと追究しています。「以前は小さくて細かいものを、3Dプリンターで作るのは難しかったのですが、機器の性能が上がっていることに加え、学生が一生懸命に調整をしてくれているので可能になりました」と田中准教授。

高性能の顕微鏡や3Dプリンターは、田中准教授が行っているような研究には欠かせません。こうした機器が開発されたことで、近年、科学の世界ではバイオミメティクスという分野の研究も進んでいるといいます。これは、生物の構造や機能を学び、新しい技術や装置の開発に活かすというものです。

自分らしく戦えるカードを増やそう

田中准教授は、「生物は多様性に満ちあふれていますし、まだまだ不思議が詰まっているからおもしろいですね」と語ります。その分、大変さもあるそうですが、だからこそやりがいがあるのだといいます。

「生物学に興味があったことはもちろんですが、人と同じことをするのではなく、自分らしさを出していきたいと考えたときに、すでに確立された分野よりも、わからないことがあふれている分野の方が名を残せるとも思いました（笑）。学生にもぜひ野心みたいなものを持ってほしいですね。失敗したくない、という思いもあるのかもしれませんが、失敗もムダではありません。その方法ではうまくいかないとわかるので、ほかの方法を探し、成功するまで続けることが大事なのです」（田中准教授）

そう語る田中准教授に、これから進路を考える中学生のみなさんにアドバイスをお願いすると、次のように話してくださいました。

「受験勉強をしていると、この勉強がなにになるのだろうと感じるときもあるかもしれません。しかし、将来に向けた基礎体力をつけるのだと考えて目の前のことをしっかりやりましょう。また少しでも興味を持ったものがあればチャレンジしてみる、という癖をつけるのもいいですね。進路につながるなにかが見つかるかもしれません。

そうして、自分の強みとなるカードを増やしていくのです。それがみなさんの武器となります。例えば英

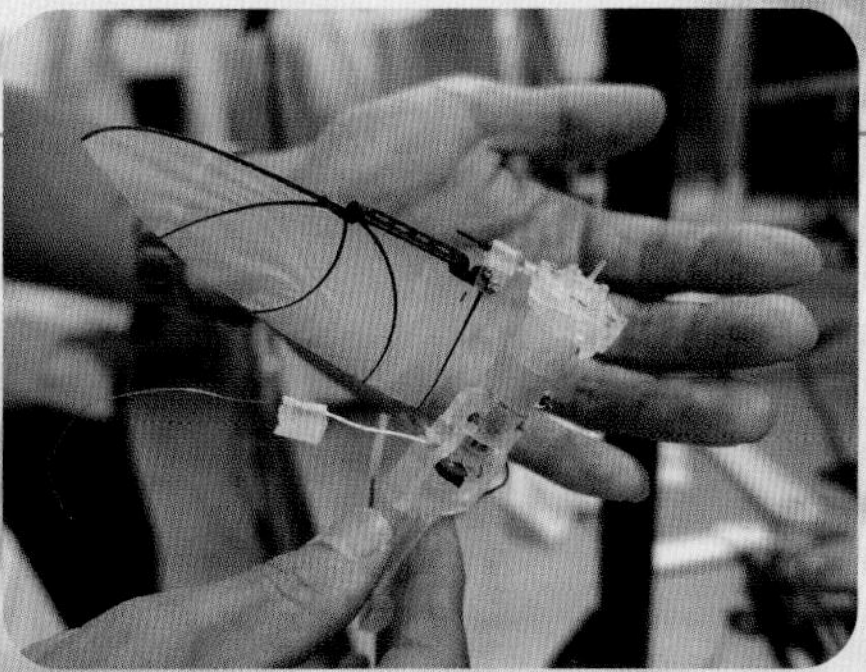

ハチドリの翼を作る

薄くてしなやかなハチドリの翼を再現。向こう側が透けて見えるほどの繊細な作りです。

語であれば、文法をきちんと理解していれば、海外に行ったときに片言でも自分の言いたいことを言えると思いますよ」

田中准教授は、アメリカで研究生活を送ったこともあり、研究者をめざす人であれば国外に出てみるのはいい経験になる、と話されます。その理由は、研究成果を発表する場は国内ではなく世界であり、知らないからこその不安も、一度行けば解消されるからとのこと。

「海外に限らず、色々な経験をした方がいい、というのは、一度経験があればどんなものかわかり、場慣れして不安もなくなるという側面があるからでしょう。また色々な経験が、みなさんの好奇心を育ててくれます。

進路に悩むこともあると思いますが、悩むということは真面目に考えているということです。逃げずに悩み続けて、もがいてください。なにもテストで一番を取れなくても、ほかに勝ち目のあるものがきっとあるはずです。だからといって、目の前のテストをおろそかにしてはいけませんよ（笑）。コツコツと真面目に努力を積み重ねていく、これも立派な強みとなります」（田中准教授）

今後もデータを集め いつか田中モデルのドローンを

ハチドリやペンギンの羽ばたきに着目し、工学と連携した独自の研究を行う田中准教授。ハチドリを模した翼の開発はもちろん、今後はペンギンの種類による羽ばたきの違い、全速力で泳ぐ際の翼の動きなど、さらにデータを集めていくといいます。

「生物学」と「工学」というカードに、「困難を楽しむ」というカードを組みあわせて研究を続ける田中准教授。その研究は、身近なところにも不思議はあり、そして色々な視点から物事を考えると新たなものが見えてくると教えてくれます。

「難しいからこそ挑戦を続けます。その特性を理解したうえで、模倣する技術を作り上げ、いつか田中モデルと呼ばれる、ペンギンのよさを体現した水中ドローンを作りたいですね。みなさんも、なにか好奇心を刺激されるものがあったら、その気持ちを逃さず、すぐに行動を起こしましょう。人と違うことを恐れないでください。出る杭は打たれるともいいますが、打たれて痛かったら引っ込めればいいんですよ（笑）。人と比べすぎず、自分のカードで戦っていきましょう」（田中准教授）

メッセージ

色々な知識があれば、物事を多角的に深く考えることができて人生は楽しくなります。勉強は自分の幸せのためにするものです。

読書もおすすめです。いつもとは違うジャンルの本を読んだら、新たな興味が見つかるかもしれません。また運動が好きであれば、体力作りになるのでぜひ続けてほしいですね。

東京工業大学 工学院機械系　田中博人研究室
所在地：東京都目黒区大岡山 2-12-1
URL：http://www.tanakah.mech.e.titech.ac.jp/

アメリカで研究生活を送っていたころの1枚。左端が田中准教授。

私立高校WATCHING

(神奈川)(川崎市)(別学校)

桐《とう》光《こう》学《がく》園《えん》高等学校

一生続けられる好きなことは人生を支える大事なものになる

中《なか》野《の》 浩《ひろし》 校長先生

「なにをどのように学ぶか」を教育目標の原点におく桐光学園高等学校。高い教員専任率に支えられた、生徒の「夢」を実現するためのプログラムが魅力の学校です。

所在地：神奈川県川崎市麻生区栗木3-12-1　アクセス：小田急多摩線「栗平駅」徒歩12分、小田急多摩線「黒川駅」・京王相模原線「若葉台駅」スクールバス　生徒数：男子1136名、女子619名
TEL：044-987-0519　URL：http://www.toko.ed.jp

⇒2学期制　⇒週6日制　⇒月～金6時限、土曜3時限　⇒50分授業　⇒1学年男子部10クラス女子部6クラス　⇒1クラス35名程度

「TOKO SDGs」を通して複雑な物事と向きあう

　今年度、創立から46年目を迎えた桐光学園高等学校（以下、桐光学園）。創立者小塚光治の教育にかける熱い思いを脈々と受け継ぎ、時代とともに深化させながら新たな歴史を紡いでいます。

　桐光学園の特色の1つが男女別学です。別学校というと同じ敷地内に男子校と女子校が共存するイメージを持たれている方もいるかもしれませんが、桐光学園の場合は、ホームルームと授業だけが別々に行われていて、それ以外の生徒会委員会活動・学校行事・部活動（文化部）などは男女が協力しあいながらいっしょに活動しています。

　授業では、教科書や問題集などは同じものを使用し、学習範囲も同じですが、男子と女子とでは成長曲線がやや異なるため、それぞれの特性・適性を活かした別学教育が行われています。

　同校で5年前に校長に就任された中野浩先生は、「他者との関わりの中で自己を高めていこう」「失敗を恐れず失敗から学んでいこう」「一生続けられる好きなことを見つけよう」という新たな3つの教育ビジョンを掲げ、教頭時代から構想していたＴＯＫＯ ＳＤＧｓをスタートしています。

　「この3つの教育ビジョンを成立させるためには、『なにをどのように学ぶか』という生徒主体の学びが欠かせません。グローバル化した現代社会は、正解が見つからない、正解らしきものさえ見つけることのできない混沌とした時代です。そこで求められるのは、その複雑な物事に向きあっていく力です。そのためには正しい知識・情報を習得し、それに対して根拠を示し、ほかの人はどう考えているかを知ることが重要です。そういう機会を生徒たちに作っていきたいと思い、ＴＯＫＯ ＳＤＧｓを始めました」と中野校長先生は語ります。

早稲田大学ドミニク・チェン教授の大学訪問授業の様子

　ＴＯＫＯ ＳＤＧｓでは、「幸せ」「豊かさ」「格差」「性」といった、生徒にとってより身近な17のテーマを設定しています。これまでに東京オリンピック・パラリンピックの開催について意見を交わしあったり、コロナ禍の影響とその対策を近隣の商店街の方々にインタビューしたりと、それらの事実と向きあい、根拠を示しながらそれぞれの意見をぶつけあっています。

　原則、水曜日と土曜日の午後に自由参加型のＴＯＫＯ ＳＤＧｓ講習が行われているとともに、授業などで取り入れることも多く、桐光学園の学びの根幹になっています。

６００種類を超える講習は高い教員専任率の賜物

　高1は全員共通のカリキュラムで、高2から、面談や進路指導ガイダンスを経て、生徒各自の希望により「文Ⅰコース（国公立大学文系）」「理Ⅰコース（国公立大学理系）」「文Ⅱコース（私立大学文系）」「理Ⅱコース（私立大学理系）」のなかからコースを選択します。それぞれに志望大学の受験に向けた授業が展開されており、加えて年間６００を超える講座を備えた「講習制度」が第1志望大学の進学に最後までこだわる生徒をサポートしています。

　講習はすべて希望制で、平日放課後の通常講習（75分）、土曜日放課後の「ユニーク講習」、夏休み中に3期に分けて行われる「夏期講習」で構成されています。とくにユニーク講習は教員の趣味を活かしたものが多く、フィールドワークに出かけたり、理科実験を行ったりと教員も生徒も楽しめる講習になっています。

　通常講習や夏期講習は、生徒の学力や特性を知り尽くした教員が各試験結果の分析なども考慮に入れて、学年ごとに設定します。生徒には全講習が掲載された「講習ハンドブック」が配付され、志望大学などに合わせて講座を選択し、授業と組みあわせてオリジナルのカリキュラムを作っていきます。

　また、これら多数の講習を実施できる背景にあるのが、81・6%という教員専任率の高さです。多様な人材の確保と資質・能力の向上により質の高い教員集団が形成され、ひいては生徒の主体的な学びを支援する伴走者として高い能力を発揮することにつながっていきます。桐光学園の3つの教育ビジョンを実現させるために、教員専任率の高さがとても重要だと中野校長先生は話されます。

進路選択にもつながる「大学訪問授業」

　また、桐光学園の魅力の1つに2004年から行っている「大学訪問授業」があります。多様な学問分野の第一線で活躍されている先生方を学校に招いて、基本的に大学で行っている専門分野の講義をそのまま実施してもらうプログラムで、例年、年間20回前後を目標に開催されています。

　講義をお願いする先生方は中野校長先生自ら人選し、交渉にあたっているとのことで、当初は難航した交渉も、企画が浸透するにつれて快く引き受けてくれるようになったそうです。受講した生徒たちは、先生方の熱心な講義を聞いて、将来就きたい職業や進みたい大学の学部・学科を真剣に考え始めるなど、進路選択にも大きな影響を与えています。

　なかでも印象深い講義を中野校長先生に伺うと、「2009年の松浦寿輝先生（当時、東京大学教授）の講義です。本校の講義と先生の萩原朔太郎賞の受賞式の日程が重なったため、講義の延期を打診したところ、『桐光学園の方が先決だから』と授賞式の方が延期になり、当初の予定通り講義を行っていただきました。大変感動しましたので、講義後に本校の生徒から花束のプレゼントをしたところ、その生徒が『先生の講義を受けたいので、東京大学へ進学します』と松浦先生の前で宣言し、翌年、見事宣言通りに東京大学へ進学したのです」と当時を思い出されながら嬉しそうに話してくださいました。

　そのほかにも著名な先生方が多

学校施設

広大な敷地に、充実した施設が完備されている桐光学園。スポーツ、勉強、学校行事などに、3年間、思いっきり打ち込める環境が整っています。

1.屋内プール　2.サッカー場　3.屋内テニスコート　4.図書館　5.茶室

数講義をされており、今年度は全21回開催されることがすでに決まっています。この「大学訪問授業」は、生徒たちが授業の内容を復習できるように毎年書籍化されていて、保護者をはじめ多くの方にも愛読されています。

国際理解を促す 多様なグローバルプログラム

桐光学園では、英語力の向上や海外体験、国際交流など参加する生徒の目的に応じて、様々なグローバルプログラムを実施しています。参加はすべて希望制で、イートンサマースクール、ケンブリッジ大学リーダーズ研修、オーストラリア・ニュージーランドのターム留学、北米グローバル研修など、短期から長期まで、国内外合わせて9つ以上のプログラムがあり、その種類の多さも魅力です。コロナ禍で少し停滞していたものの、今夏よりほぼ従来通りに実施できる予定です。また、グローバルプログラムに参加した生徒が自身の経験を伝える「ＴＯＫＯグローバルフェア」などもあり、参加を検討している生徒にとって貴重な情報収集の場となっています。

桐光学園は、難関大学へ、毎年、多くの生徒を輩出する進学校ですが、全国大会レベルで活躍する部活動が多いことでも知られています。これらすべてに寄与するのが高い教員専任率であり、どのように主体的に自己を高めていくのかという教育目標に基づいた様々な教育プログラムです。

最後に桐光学園をめざしている受験生へ中野校長先生からメッセージをいただきました。

「みなさんには色々な経験をして自分の世界を広げてほしいです。そこでは多くの失敗もあるでしょうが、失敗を恐れず、チャレンジすることが大事です。失敗と成功を繰り返すなかで、これまでとは違う新しい自分に気がつくはずです。そして、本校で、一生続けられる好きなことが見つかったとしたら、それは人生を支える大事なものになります」

6

7

8

9

学校生活

51の部活動、多様なグローバルプログラム、600を超える講習など、桐光学園は、必ず自分の居場所が見つかる学校です。

6.留学経験者が海外研修について語るグローバルフェア　7.2019年サッカーインターハイ優勝　8.夏期講習
9.ケンブリッジ大学リーダーズ研修の様子　写真提供：桐光学園高等学校　※写真は過年度のものを含みます。

■2023年３月　大学合格実績抜粋　（　）内は既卒

国公立大学		私立大学	
大学名	合格者数	大学名	合格者数
北海道大	6（3）	早稲田大	62（8）
東北大	3（0）	慶應義塾大	60（13）
筑波大	6（0）	上智大	55（4）
東京医科歯科大	2（0）	東京理科大	70（13）
東京外国語大	3（1）	青山学院大	96（18）
東京工業大	1（0）	中央大	112（25）
お茶の水女子大	2（0）	法政大	89（26）
一橋大	3（1）	明治大	152（30）
東京都立大	19（2）	立教大	53（10）
横浜国立大	16（2）	学習院大	19（4）
大阪大	3（0）	国際基督教大	3（2）

ワクワクドキドキ
熱中部活動

保善《ほぜん》高等学校

釣り研究部

様々な場所に出かけて釣りの魅力を存分に味わう

初心者でも気軽に挑戦でき、勉強やほかの活動とも両立させながら、釣りを楽しむ保善高等学校の釣り研究部。釣り堀、川、海など、様々な場所に出向き、釣りを通して自然や人と触れあう貴重な体験ができる部活動です。

今回紹介してくれたのは

高3 竹内《たけうち》 俊人《しゅんと》さん

高2 部長 野崎《のざき》 優矢《ゆうや》さん

高2 副部長 神田《かんだ》 優《ゆう》さん

School information
所在地：東京都新宿区大久保3-6-2　アクセス：東京メトロ副都心線「西早稲田駅」徒歩7分、JR山手線ほか「高田馬場駅」徒歩8分　TEL：03-3209-8756　URL：https://hozen.ed.jp/

初心者でも安心して始められる環境が整う

保善高等学校（以下、保善）は、全国的にも珍しい釣り研究部がある学校です。

そのため、部長の野﨑優矢さんのように「釣り研究部があるということが入学のきっかけでした」と話す経験者もいますが、部活動紹介を見て興味を持ち、釣りを始めたという部員がほとんどだといいます。

普段の活動は、市ヶ谷フィッシュセンターでのコイ釣りがメインです。釣り竿と釣り糸のみで作られた延べ竿を使った一番シンプルな釣りで、先輩たちも丁寧にやり方を教えてくれます。

個人の技術や釣り場の状況にもよりますが、高校から釣りを始めた副部長の神田優さんが「一番多いときには14匹釣れました」と話すように、初心者からのスタートでもきちんと釣れるようになるので、安心して取り組むことができます。

フィッシュセンターでは、たまたま隣りあった人との出会いがあるのも醍醐味の1つです。「以前、たくさんコイを釣っている人がいたので、コツを聞いてみたら、エサの秘

市ヶ谷フィッシュセンターにいるコイの引きが強く「片手でやろうとしたら肩を痛めた」（竹内さん）ということもあったそうです。

密を教えてくれました。分けてくれたので実際に使ってみると、本当に一発で釣れてびっくりしました」と、野崎さんは話します。

また、長期休みには、トラウト（淡水で生活するサケ科の魚）を狙っての渓流釣りや、ワカサギ釣りをするために合宿を行います。

そこでは、延べ竿ではなく、リールのついた竿を使用するため、今年度は部活動の一環として、事前に必要な道具をそろえに釣り用具店にも行ったそうです。また、合宿では講師を招き、竿の扱い方、糸の結び方といった、ルアーフィッシングの方法を本格的に学びます。

年に1度の晴れ舞台 バリバスカップで好成績

保善の釣り研究部では、毎年開催される「バリバスカップ」という海釣り大会にも参加しています。

中学・高校の釣り部による学校対抗戦で、3～5人で1組となって実施されます。釣ったマアジのうち5匹を選び、その総重量を競います。

2020年には準優勝、2021年には5位入賞と、好成績を収めました。前部長の竹内俊人さんは一昨年の5位入賞経験者です。

「5位に入賞できたときは、マアジがたくさん釣れました。ぼくは9匹でしたが、先輩たちはそれより多く釣っていたと思います。最後の方は、調子が上がって小さい魚が次々と釣れていたところに大型の魚が食いついて、糸ごと持っていかれたこともありました」と、竹内さんは振り返ります。

今年は7月25日に大会が開催され、野崎さんが所属する保善Aチームが見事5位入賞を果たしました。

しかし、釣り堀ではなく海での釣りのため、必ずしも対象魚のマアジが釣れるわけではありません。

昨年はサバやカツオなど、マアジではない魚がたくさんあがったそうです。なかでも野崎さんは珍しい魚を釣り上げました。

「ホウボウを釣りました。対象ではない魚は『外道《げどう》』と呼ばれ、それを品評する個人賞もあるので、『もしかしたら……』と思ったのですが、評価基準は魚のサイズだったため、選ばれませんでした」（野崎さん）

また、海に出て釣りをするため、大会ではトラブルもよくあります。

とくに始めてすぐは釣り糸の扱いが難しく、隣りの人と絡まってこんがらがっているのをほぐすだけで1

「バリバスカップ」では東京湾に出てマアジを釣ります。釣り研究部にとっては唯一の大会です。

長期休みには山中湖や忍野八海などで合宿をしています。普段の活動とは違い、朝早くから出かけて自然と触れあいながら釣りに没頭しているそうです。

写真提供：保善高等学校　※写真は過年度のものも含みます

時間を費やしてしまうこともあるそうです。

ほかにも、船酔いに悩まされる部員が出るのは毎年のことで、「友人の話ですが、船に乗る直前に酔い止めを飲んだら、効き始めが遅く最初にダウンしてしまったようです。その反省を活かして次は早めに薬を飲んだら、今度は最後の方に効き目がなくなって結局酔ったということがありました」と竹内さん。

時間に融通が利くこともあり、部員のほとんどが兼部をしながら活動しているというのも、保善の釣り研究部の特徴です。

今回お話を聞いた3人も、竹内さんが軟式野球部、野﨑さんが水泳部、神田さんが生徒会と、それぞれ活動を両立させています。忙しいなかでもやめられない釣りの魅力について3人は次のように話します。

「魚が釣れたときの達成感は忘れられません。やっていくうちに釣れるまでの時間を退屈しなくなったし、集中力もつきました」（竹内さん）

「自然のなかでしか味わえない楽しさがあるのが釣りだと思っています。また、釣り場で出会った人との交流を通して、昔よりも社交的になりました」（野﨑さん）

「部活動以外ではあまり釣りをする機会がないので、貴重な体験ができることに加え、やっぱり魚が釣れたときには『釣りって楽しいな』と思います」（神田さん）

このように、釣りを楽しむのはもちろん、自然と触れあいながら生きものの大切さを学んだり、人といっしょに釣りをすることでコミュニケーション能力を身につけたりと、貴重な経験を通して人としても成長ができる部活動です。

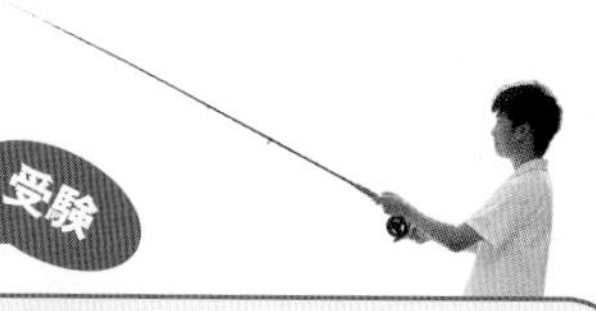

勉強　先輩からのアドバイス　受験

高3 竹内俊人さん　高2 野﨑優矢さん、神田優さん

Q保善はどんな学校ですか。

竹内さん：学校見学のときから、先生も含めて雰囲気がいいなという印象を受けていました。楽しむときは思いっきり騒いで、真面目にやるときはやる生徒が多いです。オン・オフがしっかりしています。

野﨑さん：みんなの仲がいい学校だと思います。ノリもいいので、遠慮なく騒げる環境があり、体育祭などの行事もとても楽しいです。

Q保善にはどんな特徴がありますか。

神田さん：多彩なジャンルの部活動があるので、様々な特技を持つ人がいます。その分、自分が知らなかったことを知れるため、日常生活が豊かになります。

Q勉強と部活動の両立で工夫していることはありますか。

竹内さん：電車のなかで、生物の用語を覚えたり、英単語を覚えたりしています。

野﨑さん：質問をすると丁寧に教えてくれる先生たちばかりなので、助けてもらっています。専用のプリントを作ってくれたり、補習をしてくれたりと、本当にいい先生たちです。

神田さん：先生たちがやるべきことを教えてくれるので、まずはそれを徹底的にやっています。その過程で自分では解決できない問題があれば、すぐ相談に乗ってくれる先生が多くいるので、助けを借りながら、わからないところをなくすように意識しています。

Q受験勉強ではどんなことに取り組んでいましたか。

神田さん：過去問をたくさんやりました。数年分の問題を解いて、その傾向から対策を練って受験に挑みました。

Q読者のみなさんへのメッセージをお願いします。

竹内さん：高校では自由度が高く、自分でやらなければいけないことが多いので、中学生のうちから自主的に行動できるよう準備しておくことが大切だと思います。

神田さん：やりたいことは積極的にやった方がいいと思います。興味を持ったら迷わずやってみる。保善は部活動の種類が豊富で、挑戦できる環境があるので、きっと好きなことが見つかると思います。

野﨑さん：保善は文武両道をモットーにしていて、それぞれに合った学習スタイルを作れる学校です。いまは部活動に一生懸命に取り組んでいて、勉強があまり得意じゃないと思っている人でも、勉強が好きになっていくと思いますよ。

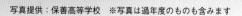

130年を超える伝統と歴史

正則高等学校

東京都港区芝公園 3-1-36　TEL 03-3431-0913

ここに、君が育ち、
伸びる高校生活がある。

生徒募集［2024年度］
共学・普通科　320名

www.seisoku.ed.jp

学校説明会

14:00 開会

- 9月16日（土）
- 10月14日（土）
- 21日（土）
- 28日（土）
- 11月4日（土）
- 11日（土）
- 18日（土）
- 19日（日）
- 23日（祝）
- 25日（土）
- 12月2日（土）
- 9日（土）
- 1月27日（土）

※ お申し込みは web で受け付けております。詳しくは学校ホームページをご確認ください。

イブニング説明会

18:00 開会

- 9月22日（金）
- 12月1日（金）

学院祭

10:00 開会

- 9月30日（土）
- 10月1日（日）

Access
日比谷線 神谷町・三田線 御成門・浅草線 大門・大江戸線 大門 赤羽橋・南北線 六本木一丁目・JR 浜松町

G

E サッカー部の練習風景　F 体育祭　G 校舎

岩倉《いわくら》高等学校
〈共学校〉

２０２７年に創立１３０周年を迎える岩倉高等学校。長い歴史に裏打ちされた教育に満足することなく、これからの時代に必要とされる人材を育成するための様々な学校改革が進んでいます。

「岩倉スピリット」を実践し自分の世界を広げていこう

仲間と協働できる人間力を育成する

ＪＲ山手線「上野駅・入谷口」を出ると、すぐ目の前にある岩倉高等学校（以下、岩倉）。「仲間とともに、主体的に学び、考え、創造し、そして行動できる人物に成長する」という教育目標を「岩倉スピリット」と称し、新たな時代に向けた学校改革を進めています。

岩倉は、鉄道・運輸業界に優秀な人材を輩出する「運輸科」があることで有名ですが、２０２２年度より「普通科」が再編され、新たな教育体制がスタートしています。新たな教育体制では、普通科に難関国公私立大学をめざす「7限制」クラスと、部活動などと両立して大学進学をめざす「6限制」クラスが設置され、生徒それぞれのライフスタイルと希望進路に合わせて、クラスを選択できるように設計されています。

「高校入学時に難関大学へ進学したいという高い目標をすでに持っている生徒は7限制を、入学してからじっくり目標を考えていきたい生徒は6限制を選択していただければと思います。高2進級時に希望と成績に応じてクラス変更が可能ですので、勉強や部活動、進路指導などを体験しながら、じっくりと自分の将来について考えてください。今年は6限制から7限制へ移行したいと希望している

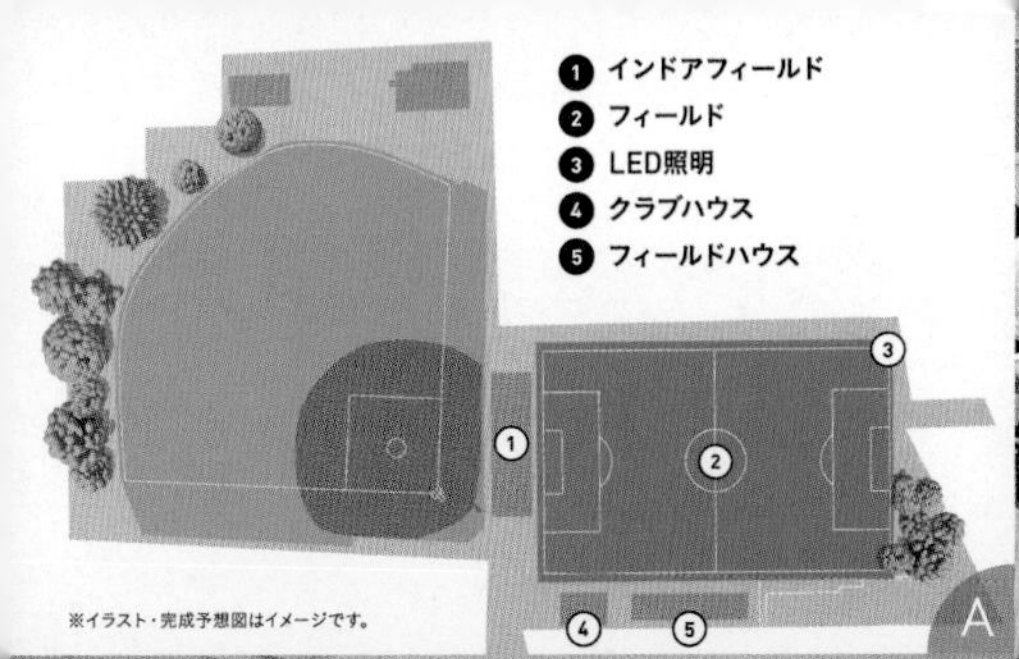

Photo　A 西東京グラウンド完成予想図　B 図書室　C 杉浦先生の数学の授業　D 土曜プログラム（理数探究）

写真提供：岩倉高等学校　※写真は過年度のものを含みます。

生徒が30名ほどいます」と入試広報部部長の杉浦裕也先生は話されます。

教育体制の刷新だけでなく、「岩倉スピリット」を意識した授業改革も行われています。杉浦先生の数学の授業では、問題の解法をすぐに生徒に教えるのではなく、まず生徒自身に解かせ、わからなければ周りの人と相談し、それが正しいかどうかをほかのグループとも相談して考えたあとに、その問題の趣旨を説明していく授業を展開しています。

「生徒には、わからないのであれば、わかるようになるための行動をするようにと、つねに促しています。これからの社会では、自分1人の力だけでなく、いかに他者と協働できるかが重要なのです」と杉浦先生。ほかの教科の教員もそれぞれに工夫しながら授業を進めており、日々の教育活動のなかに、「岩倉スピリット」は溶け込んでいます。

生徒が主体的に学ぶ多様な学習プログラム

岩倉では、一部のクラスを除き、土曜日には正規の授業は行わず、生徒が好きな講座を選択する「土曜プログラム」を実施しています。弱点克服のための各科目の授業や受験対策講座など大学入試に直結した講座、なかには朝から部活動に取り組む生徒などもいて、生徒1人ひとりが主体的に活動し、有意義な土曜日を過ごしています。

加えて、「ASIM（After School Iwakura Method）」と称し、放課後の自習室や校内予備校、大学生が自学自習をサポートするラーニングサポートシステムや春・夏・秋の各期講習など、生徒の目標を達成させるためのサポート体制も充実しています。

また、岩倉は西東京市に、広大な「西東京グラウンド」を有しており、おもに野球部やサッカー部が使用しています。来年度以降には、インドアフィールドやクラブハウス、LED照明などの最新設備が完備される予定で、岩倉の新たな教育施設として期待されています。

「本校は創立当初から、鉄道という当時の先端技術領域にかかわる人材育成を目標に掲げてきた学校です。これからもその精神を引き継ぎ、答えがあるかどうかわからない問題にも果敢に立ち向かっていける生徒を育てていきたいと思います。2022年度より新たな教育体制となり、私たち教員も全力でサポートしていきますので、この『岩倉スピリット』に共感してくれる生徒さんに入学してほしいと思います」（杉浦先生）

2027年の創立130周年に向けて様々な学校改革を進める岩倉。いつも視野を広く持ち、興味関心のあることはとことん探究し、主体的に活動することで、自分の世界を大きく広げていける学校です。

スクールインフォメーション

所在地：東京都台東区上野7-8-8
アクセス：JR線「上野駅」徒歩1分、地下鉄銀座線・日比谷線「上野駅」徒歩3分、京成線「京成上野駅」徒歩6分
生徒数：男子919名、女子271名
TEL：03-3841-3086
URL：https://www.tky-iwakura-h.ed.jp/a

2023年3月　おもな合格実績

山形大学	1名	早稲田大	2名
埼玉大学	2名	慶應義塾大	1名
東京外国語大	1名	上智大	1名
東京海洋大	1名	東京理科大	4名
静岡大	1名	青山学院大	2名
防衛大学校	2名	明治大	6名

※既卒生含む

注目の1校！

HōYū-GAKUIN
HIGH SCHOOL

朋《ほう》優《ゆう》学《がく》院《いん》高等学校

２０２２年度より新コース設置
高校単独校としてさらなる高みへ

共学校

附属中学校を持たない高校単独校として、独自の進化・発展を遂げてきた朋優学院高等学校。生徒の学力レベルが上昇していることを受けて、２０２２年度から新しいコース編成がスタートしました。

最難関大学をめざすコースを新設

「自立と共生」を教育理念に掲げ、主体性と協調性を併せ持つ人材を育成する朋優学院高等学校（以下、朋優学院）。この理念について佐藤裕行校長先生は「近年はとくに『自立』に重きをおいています。本校は私立の一貫校とは違い、公立中学校からの進学者が多く、もともとその中学校で優秀な成績を収めていた生徒がほとんどです。そうした生徒たちが、卒業後は未来をけん引する人材となるために必要な自主性を養っています」と話されます。

そんな朋優学院は、在籍する生徒のレベルや社会情勢に合わせて変革を続けてきました。２００１年の共学化をはじめ、２０１０年には国公立大学の現役合格をめざす「国公立コース」を新設。着実に進学実績を伸ばし、２０２２年度からはさらに高い目標を据えた「国公立ＴＧコース」をスタートさせました。

「これまでは、高1で『国公立コース』と『特進コース』の2つに分かれ、高2進級時に改めて選び直したうえで文系・理系に細分化する形をとっていました。しかし、生徒の学力水準が上がるにつれて『国公立コース』在籍者の比率が高まり、学校全体を引っ張っていくという意味でも、東京大学や京都大学をめざす最上位コースを設置しようと考えました」と佐藤校長先生。

3年間で効率的に目標達成をかなえる

これらのコースのうちどこに属するかは、入試結果によって振り分けられます。なお「国公立ＴＧコース」のみ5教科入試が課されます（ほか2コースは3教科入試）。出願時はコースを選択せず、3教科で受験するのか5教科で受験するのかを選びます。1年次はどのコースも共通カリキュラムで授業を行うため大きな

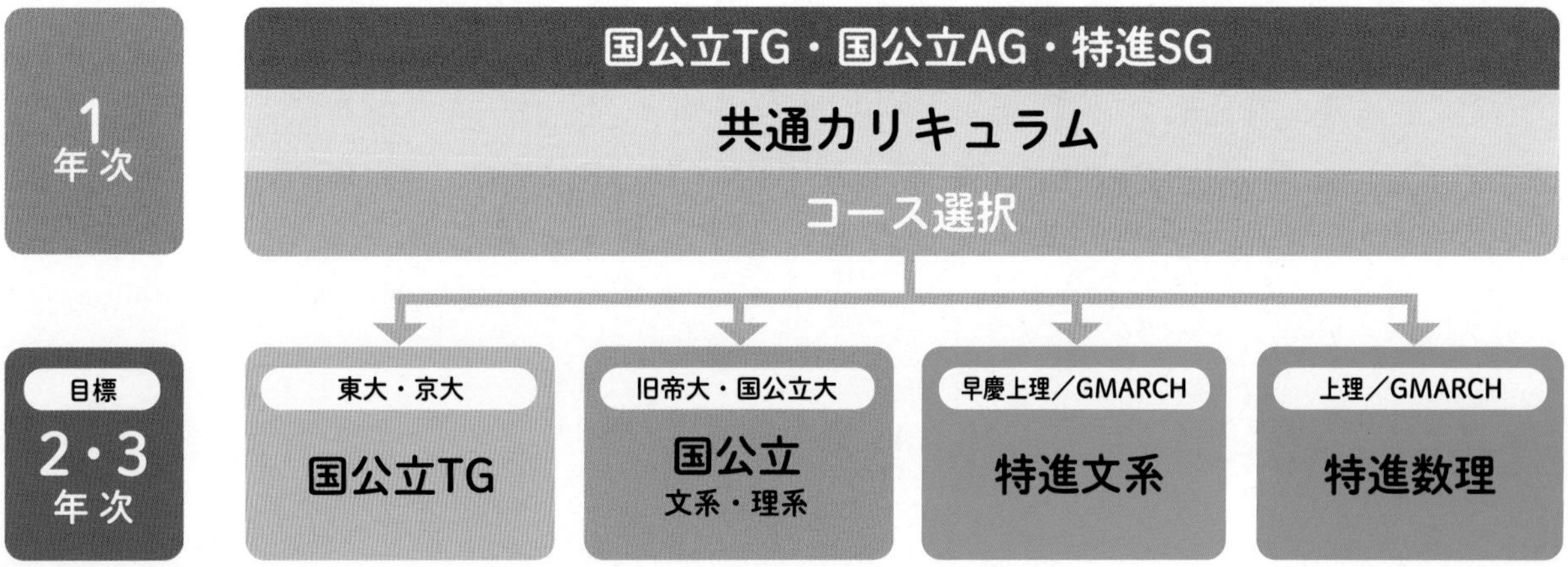

差はありません。

このように高1からコースを分ける意図を佐藤校長先生は「早いうちから大学進学を意識してほしいという狙いがあります。ただ、高校受験の時点で自分がどんな大学を志望するか、ということまで絞るのは難しいでしょう。

そのため、高1で学期ごとに進路ガイダンスを行い、個人面談も定期テストごとに実施するなど手厚い進路指導を行ったうえで、全員がコースを選び直せる形にしています」と説明されます。

高2進級時に全員が同じ基準で行うコース選択では、クラス数は決まっておらず、年度によって変わります。成績で機械的に振り分けるのではなく、生徒の希望と各コースごとの成績基準も考慮されるため、高1での学習への取り組みも重要です。高1で自らの適性を見極めつつ学力を高め、高2でコースが決定してからは目標進路の達成に向けて集中できる、効率的なコース編成になっています。

伝統に縛られず 社会に合わせて変化

朋優学院が進化させてきたのは学力面だけではありません。学校行事や校則も時代に合わせて柔軟に変えてきました。学校行事や部活動の取り組み方も徐々に生徒主体のスタイルへと変更しており、そうした活動のなかで「自立」を促しています。

「かつて禁止されていた、文化祭での調理を伴う出しものや物販も現在はできるようになりました。その結果、『どうすれば魅力的に見えるのか』『どうしたらもっと売れるのか』と生徒は工夫を凝らしてくれています。

部活動は土日を含んで週4日までの活動に限定しており、文『部』両道しやすい環境となっています。そのため全校生徒の約80%が加入しています」(佐藤校長先生)

加えて、生徒指導においては「ルールだから」と一律で禁止するのではなく「なぜやってはいけないのか」を考えさせることを重視しているといいます。社会通念に合わせてルール自体もつねにアップデートし続け、卒業後も活躍するために必要な素地を養っているのです。

最後に、佐藤校長先生から読者のみなさんにメッセージをいただきました。

「受験生のみなさんには、志望校を選ぶ際に偏差値だけを重視せず、自分に合っている学校かどうかをよく考えてほしいと思います。本校は、自立した学校生活を送りたい生徒さんにぴったりの学校です。与えられた自由をしっかりと活かして充実した3年間を過ごしたい、という意思を持った方に入学してもらえたら嬉しいです」

Event Schedule

オープンスクール
10月28日(土) 11月25日(土)

オンライン説明会特設ページ

説明会はオンラインで実施しており、個人情報の入力・予約なしで、いつでも好きな場面を視聴できます。実際に朋優学院を見たい受験生は時間制・完全予約制のオープンスクール(見学会)をご利用下さい。

日時・内容は変更の可能性があります。学校HPでご確認ください。

School Data

住　所：東京都品川区西大井6-1-23
ＴＥＬ：03-3784-2131
アクセス：JR横須賀線・湘南新宿ライン「西大井駅」徒歩10分ほか
ＵＲＬ：https://www.ho-yu.ed.jp/

第1志望校 キミは決まった?

志望校選びのスタートといえる夏休みが終わりました。みなさんの志望校選びはうまくスタートできましたか。実際には「まだまだ」とか「考え中!」といった人も多いと思います。そんな人も、ここで焦ることはありません。11月の三者面談までに第1志望校と併願校が答えられればよいのです。しかし志望校が決まることで、受験に対する熱い思いが湧き上がることが先輩たちへのアンケートではっきりわかっています。その意味でも、これから催される学校説明会に足を運び、あなたのモチベーションが思いきりアップするような学校を探しましょう。

周囲の応援団にも相談しよう

前ページでも述べた通り、受験校を決めるのは、中学３年生11月の三者面談まででよい、というのは確かなのですが、10月ぐらいからは、志望校の過去問に取りかかる必要があります。さらにそれを自己採点し対策を組むことも必要です。それを考えれば、そろそろ「志望校決定」は必要なプロセスといえます。

「なぜそんなに早く？」と感じたみなさんは、次のようなことも考えましょう。

志望校が決まれば、具体的な目標設定ができます。すると、めざす高校に合格するには「内申点はあといくつ？」「学力試験ではあと何点？」などがわかってきます。

目標が設定できれば、いまからやるべきことが明確になりますから、対策も立てやすくなるわけです。

これらのことによって、ひと言でいえば「モチベーションがアップする」ということになるのですが、モチベーションとは、本来「動機づけ」という意味です。より多くの角度から、動機を自らに与えていくことも、これからの半年間の頑張りにつながります。

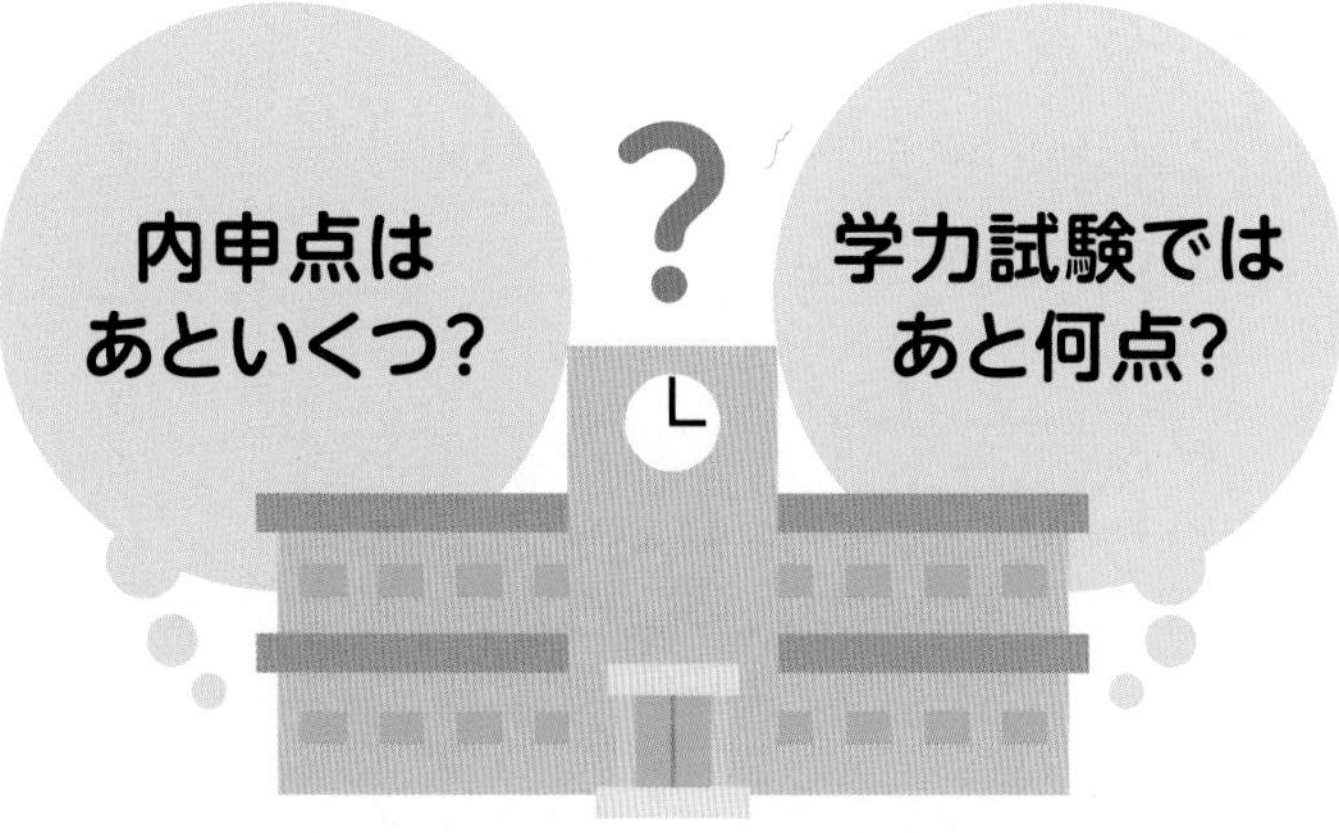
内申点はあといくつ？
学力試験ではあと何点？

先生や家族にも相談して客観的なアドバイスをもらいましょう！

ただ、「早く決めればよい」と自分の考えだけで突っ走るのもよくありません。学校の先生、進学塾の先生、また家族にも相談をしましょう。あなたの応援団ともいえる先生方、家族のみなさんは、あなた自身が考えている評価より、あなたのプラス面に気づいているかもしれません。その客観的なアドバイスは貴重です。

１校に絞りすぎず２段階方式で選ぶ

志望校の決め方として、初めから第１志望校を１校に限定すると無理が出てきます。まずは第１志望の学校グループを考え、そこから絞っていく「２段階方式」がおすすめです。

一番行きたい学校があるのはよいことですが、受験には様々な不安定要素があります。受験直前になって志望校を変更しなければならなくなったとき、あまりに１校に絞りすぎていると、次のモチベーションにはつながりません。志望校を決めるときは、第１志望校グループの学校を３～４校は考えるようにしましょう。

具体的な目標設定でモチベーションアップじゃ！

第1志望校 キミは決まった?

公立(国立)	私 立

●内申点が重要だが、学力検査の結果を重視する学校も増えてきている	●難度によって戦略が変わる **上位校** 学力に自信がある場合は一般入試に挑戦 **中位校以下** 内申点を満たしている場合は推薦へ

学力や志望校などを先生と相談しながら作戦を立てるのじゃ！

第1志望は公立か私立か それによって作戦は変わる

さて、第1志望校グループですが、あなたは公立高校が狙いですか、それとも私立高校を第1に考えていますか。第1志望は公立高校の場合でも、まずはグループで考えましょう。例えば都立高校なら進学指導重点校7校のなかでも、各校で難度が違いますし、自分に合っているか、通学時間はどうか、などで1~2校に絞れるはずです。

公立か、私立か……。公立高校を第1志望とする場合は、その学校によって比重のかけ方は違いますが、内申点が一定以上取れていないと合格は難しくなります。内申点がほぼ決まる学期末試験（都県でどの学期末かは変わります）の結果などから、めざす公立高校について中学校の担任の先生や進学塾の先生と相談しましょう。ただ、公立高校でも最近は入試当日の学力検査の結果を重視する高校も出てきています。そのことも含めて相談しましょう。

私立高校を第1志望とする場合には、学校の難度（偏差値）によって戦略が変わります。難関校や上位校の入試は、当日の筆記試験の結果次第といえます。

「内申点はそう取れなかったけど、学力には自信がある」という場合は、頑張って挑戦しましょう。

中位校以下では、「推薦」で定員の多くを決める学校がほとんどです。内申点がその学校の示す基準を満たしていれば合格となる学校が多くあります。

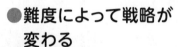

第1志望校 キミは決まった？

絶対に避けたいのは「全×」

公立の場合は内申点も大切 難度が階段状になるように

公立高校が第１志望ならば、受けることができるのは１校ですから、選んだグループのなかから絞り込むことになります。学校ごとに内申点重視か、試験当日の学力検査重視か、の比率は発表されていますから、自らの学力状況と相談して選びましょう。

公立高校は、都県によっても学力検査の得点と内申点の比重のかけ方に違いがあります。学力難度の高い学校ほど学力検査の得点比率が高い傾向にあります。

公立高校が第１志望の場合は、併願校は私立高校になります。

第１志望の公立高校と同レベルの難度ではなく、階段を下がっていくように２校ほどを選びます。

難関私立高校を第１志望とする場合に注意することは入試科目です。多くの私立高校は国数英の３教科入試ですが、いま５教科入試を採用する上位校が増えています。中１・中２の方は、私立高校志望だからといって、中２以前から教科数を絞りすぎるのはやめておきましょう。

なお、私立高校の第１志望校グループから、１校に絞ったあと、併願校もその第１志望校グループから選ぶのは考えものです。第１志望校グループは難度も似て、高いことが多いからです。

公立高校でも同じでしたが、難度が階段状になるように受験していくことが受験の極意です。「全×」、つまり全校不合格は絶対に避けねばなりません。これは大学受験でも同じですので覚えておきましょう。

このように学校の難度と自らの学力を比べながら志望校を決めていくのです。

だからといって現在の学力（模擬試験の偏差値）だけで決めてしまうことはありません。学力は直前期まで伸びます。

伸び予測を塾や学校の先生と相談し、ある程度幅を持たせて複数の受験候補校を選びましょう。

―― 受験の極意 ――

併願校は難度が階段状になるように受験するべし！

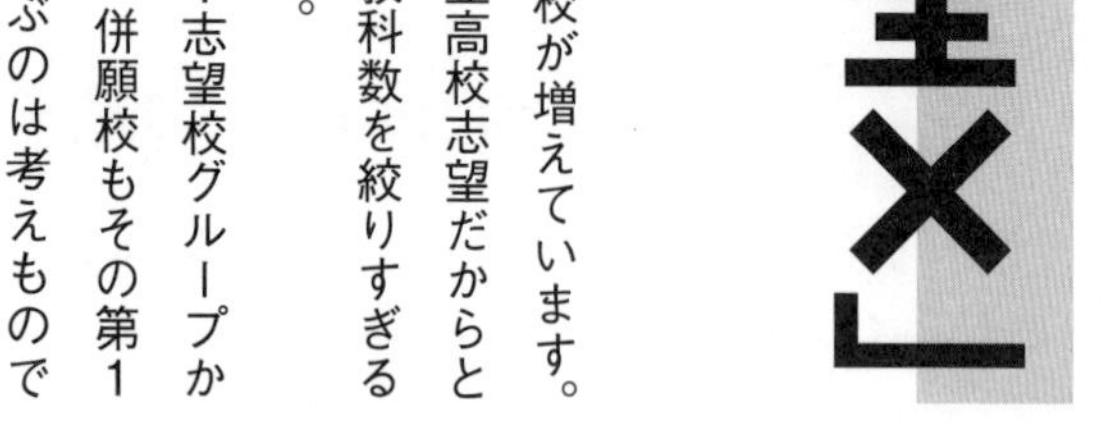
第１志望
第２志望
難度 難
難度 易

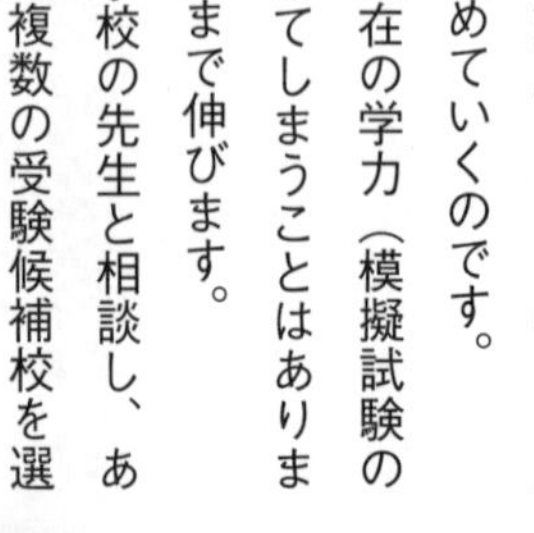
５教科入試を採用する上位校も増えているので入試科目数にも注意するのじゃ！

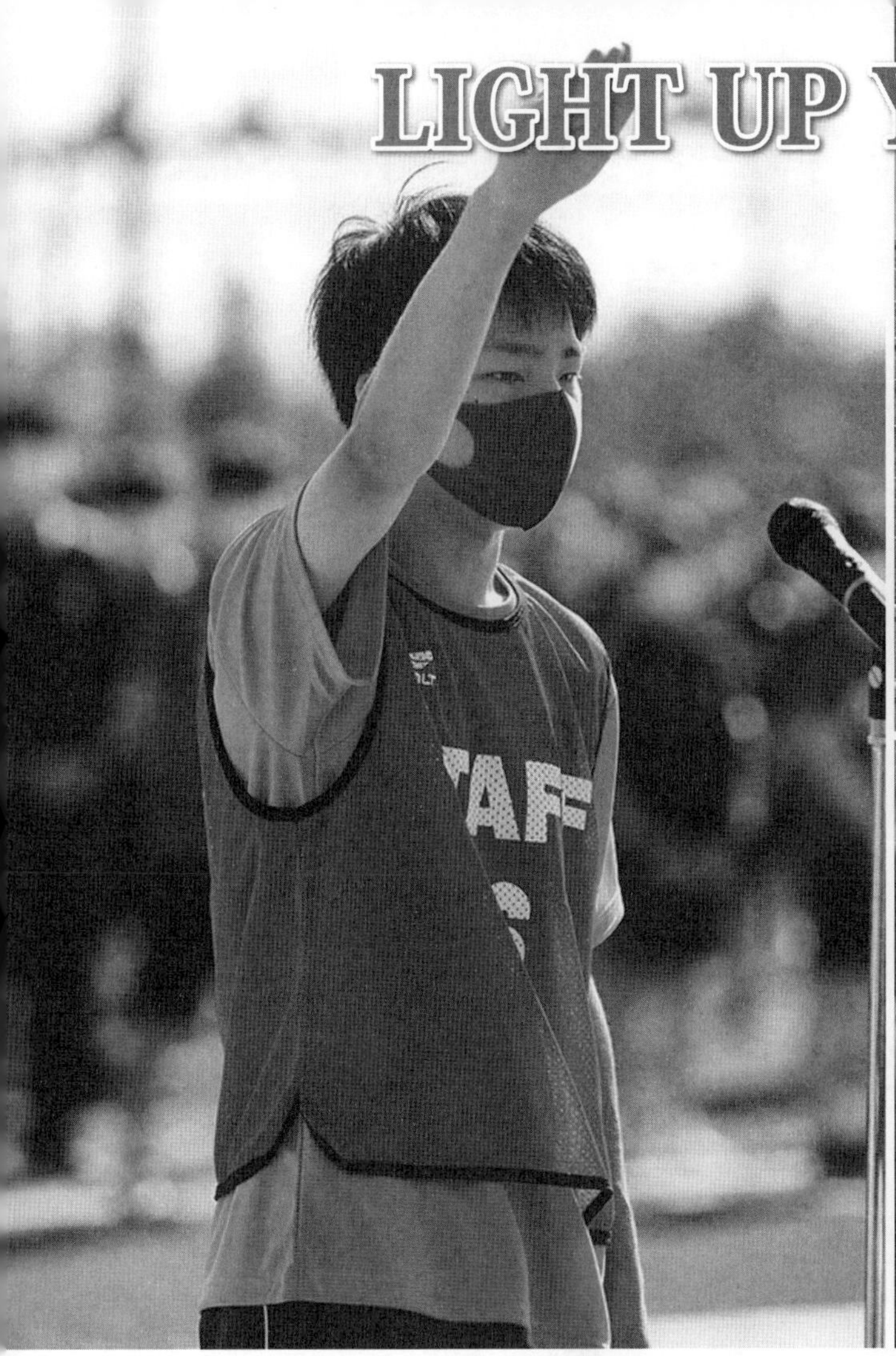

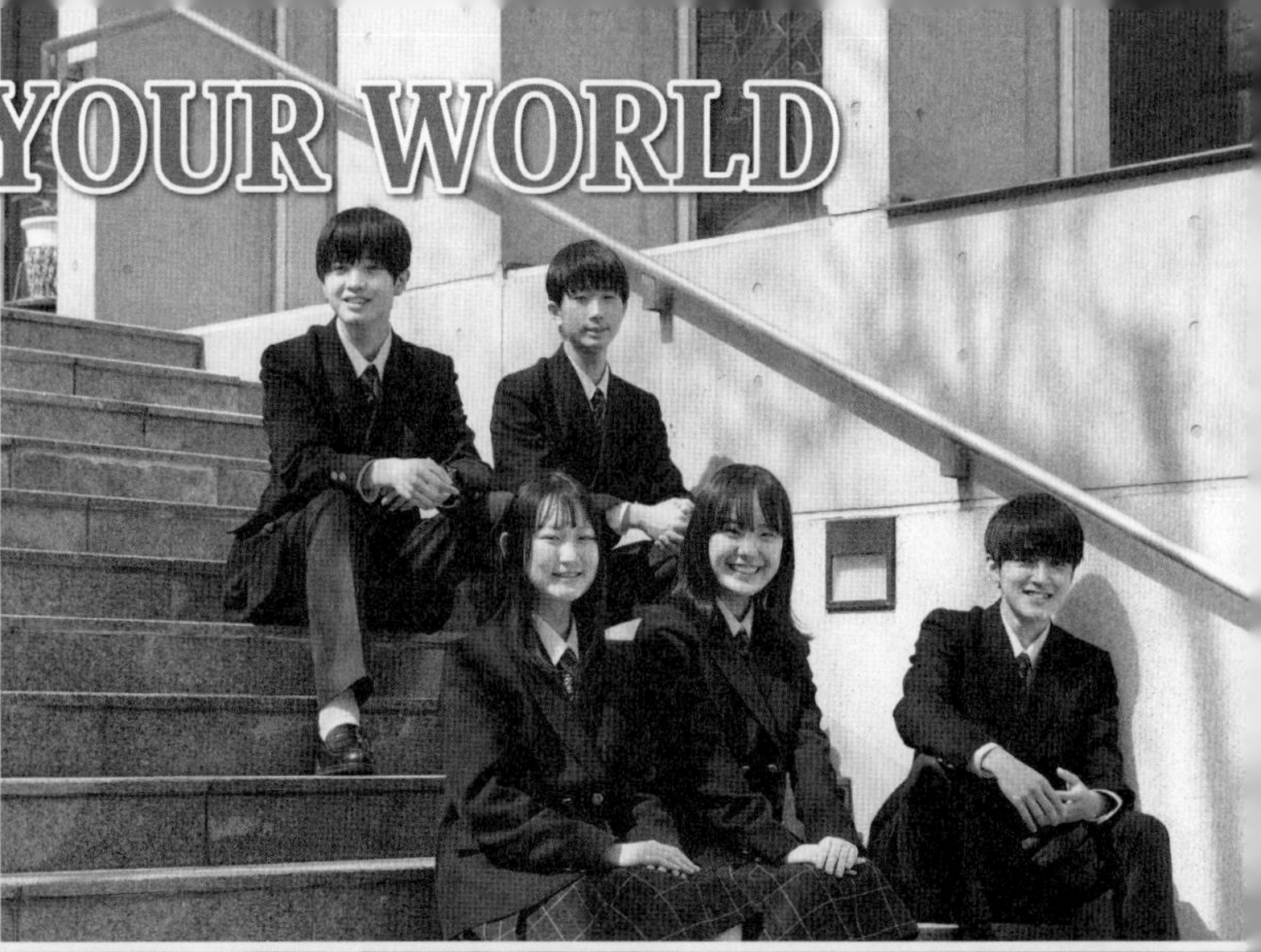

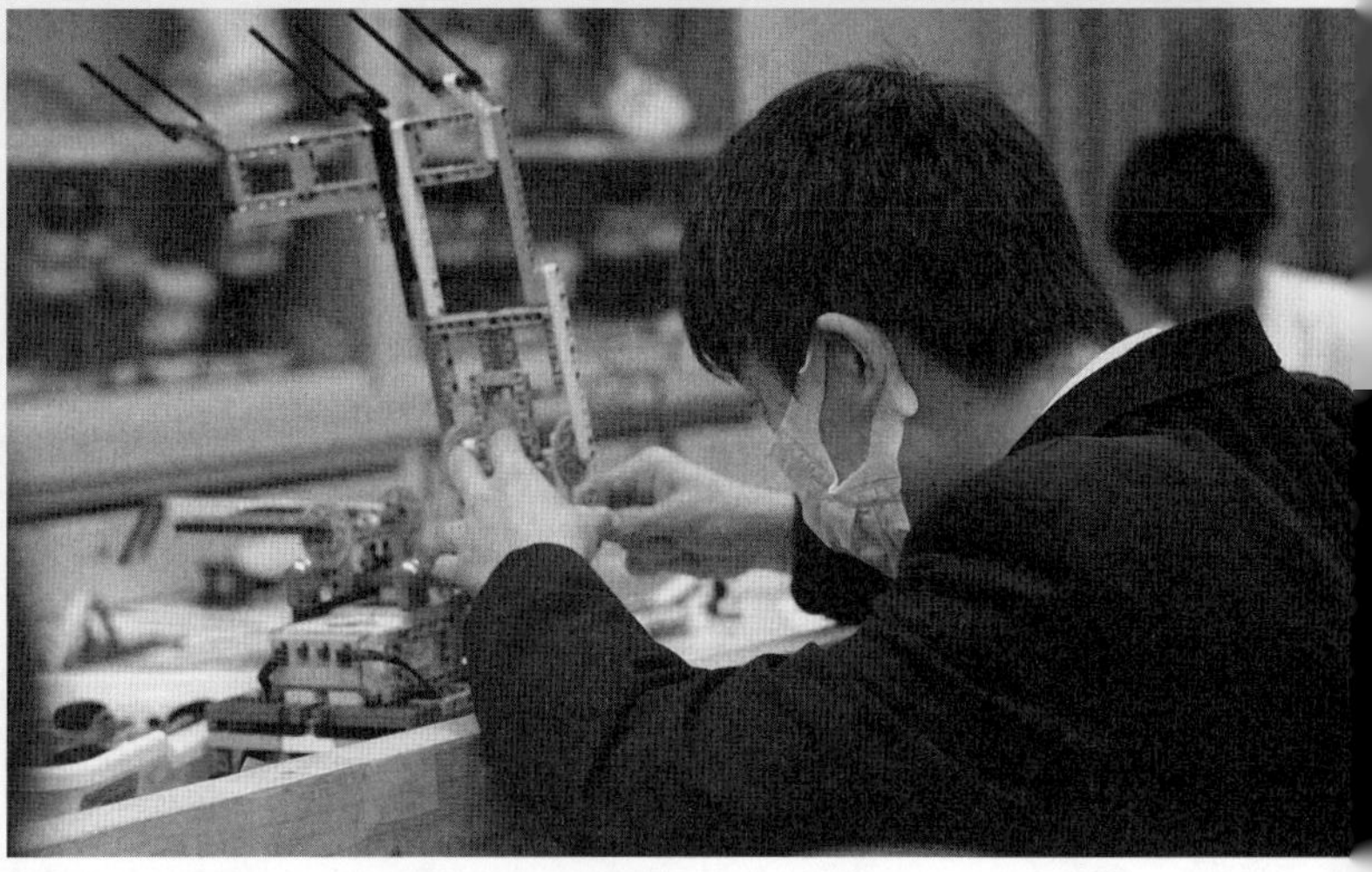

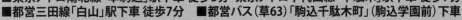

Senior High School of KOGAKUIN University

工学院大学附属高等学校

先進文理コース

文理コース

インターナショナルコース

● ICT教育

生徒はBYODでPCを所持、プロジェクト中心の授業を展開しています。３DプリンターやハイスペックPCを設置した「MakeRoom」「Fabスペース」ではクリエイティブな活動を行っています。

● グローバル教育

3ヵ月留学、夏期短期研修、グローバルプロジェクト、MoGなど多彩な海外研修に参加できます。国際的な私立学校連盟「Round Square」に加盟し世界中の学校と積極的に交流を行っています。

● 高大院連携教育

本校は工学院大学八王子キャンパス内にあり、施設の共用や大学教員による授業などさまざまな形で大学と連携しています。また東京薬科大学、多摩美術大学など特色のある他大学との連携で学びの幅を広げています。

● 高大接続型入試

工学院大学は本校生徒を対象とした高大接続型入試を行っています。この入試で合格後は工学院大学への入学権を保持したまま他大学へのチャレンジができます。また本校生徒を対象とした指定校推薦制度もあります。

● 部活動

運動系14、文化系9の部活動があります。自動車部やデジタルクリエイター育成部、サイエンス部など、工学院ならではの部活動が人気です。

学校説明会	9月16日（土）14時 10月28日（土）14時 11月26日（日）10時 12月 2日（土）14時
授業・部活動体験	9月 2日（土）14時
夢工祭（文化祭）	9月23日（土）10時 9月24日（日）10時
体育祭	10月26日（木）10時

5つの主要駅からスクールバス

八王子駅・京王八王子駅・拝島駅・南大沢駅・新宿駅西口

工学院大学附属高等学校

SENIOR HIGH SCHOOL OF KOGAKUIN UNIVERSITY

〒192-8622 東京都八王子市中野町2647-2

TEL:042-628-4914

Email:nyushi@js.kogakuin.ac.jp

https://www.js.kogakuin.ac.jp/

トビラ

東京都と神奈川県について、その方法をお伝えします。窓口に行かなくとも、家庭にあるパソコンで出願できるのは便利ですが、事前の準備が大切なことは学習面と同じです。滞りなく進めたいものです。

神奈川　2024年度神奈川もインターネット出願導入 合格発表も出願と同じサイトで確認できる

神奈川県の公立高校入試では、2024年度から出願の際、インターネット出願を採用することとした。神奈川県では初めてのこと。

神奈川県公立高校の2024年度入試では、共通選抜での全員面接の廃止など大きな変更があるが（本誌・夏増刊号参照）、インターネット出願もその１つで、受検生･保護者の負担軽減につながる。

【出願期間】

2024年１月24日（水）～31日（水）

【手続きの流れ】

①出願サイトに入り志願者情報を入力、必要なアカウントを取得

②志願する高校名を入力

【受検料の納付】

①クレジットカード、コンビニ払い、ペイジーなどで支払い

②受検票をダウンロードして印刷

（必要な場合のみ）取下げ・再提出

【合格発表】

同じ出願サイトで合否を確認できる

入学料の支払いは、受検料の納付①と同じ方法で行える

【注意事項】

・スマートフォンやタブレットからでも出願サイトにアクセスできる。登録にはメールアドレスが必要

・受検票の印刷については、家庭にプリンターがなくてもコンビニエンスストアで印刷できる

※神奈川県教育委員会は、以上につき「詳しい手続き方法については12月頃に在籍している中学校を通じて伝える」としている。

◇

※本誌・夏増刊号のこのコーナー（58ページ）では「二次募集を除いた出願をインターネットで受けつけることにした」と記していますが、「インターネット出願となるのは2024年２月の募集のみで、３月の募集は例年通り紙の願書での出願」と覚えてください。

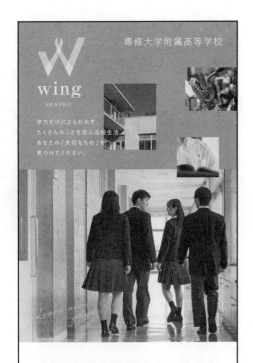

受験生のための
明日への

このページは受験生とその保護者のみなさんにとって大切な入試関連の情報を、首都圏の高校についてまとめ、お届けするページです。今回は、来年度高校入試で、出願の際にインターネット出願を要する

東京　都立高校2024年度はインターネット出願 そのあと中学校を通じた書類郵送も必要

2024年度都立高校入試（推薦、第一次募集・分割前期募集、海外帰国生徒対象入試）においては、インターネットを活用した出願（以下「インターネット出願」と呼ぶ）を実施する。

【出願期間】
推薦に基づく選抜
［出願期間］2024年1月12日（金）〜18日（木）
学力検査に基づく選抜
◆一次募集（分割前期）
［出願期間］2024年1月31日（水）〜2月6日（火）
◆二次募集（分割後期）ではインターネット出願は実施しない

【手続きの流れ】
①インターネット出願に必要なアカウントの取得
②出願サイトで出願情報（志望学科、住所、氏名等）と顔写真登録
③中学校で出願情報の確認（必要に応じ修正）

【受検料の納付】
①必要書類（納付書含む）を中学校から郵送し、出願申し込みの完了
②受検票のダウンロードと都立高校からのお知らせの確認
（必要な場合のみ）取下げ・再提出

【合格発表】
専用の合格発表サイトで合否確認
※都外在住者・既卒者については手続きの流れが一部異なる
※受検料の納付は振り込みのほか、クレジットカード払いも可
※郵送により提出する書類は、中学校を通じて各都立高校に送付（都外在住者・既卒者を除く）
○出願前に、所定の出願書類のほか、顔写真のデータを準備する必要がある
○インターネットに接続できる環境（パソコン・スマートフォン・タブレット端末）が必要。受検票は家庭のプリンターやコンビニエンスストア等で印刷する必要がある
※以上の情報は、今後変更の可能性がある

あの学校の魅力伝えます
スクペディア No.106

桜丘《さくらがおか》高等学校

東京都　北区　共学校

所在地：東京都北区滝野川1-51-12　生徒数：男子461名、女子582名　TEL：03-3910-6161　URL：https://sakuragaoka.ac.jp/
アクセス：都電荒川線「滝野川一丁目駅」徒歩1分、JR京浜東北線・地下鉄南北線「王子駅」・都営三田線「西巣鴨駅」徒歩8分

自立した個人の育成をめざして

校訓「勤労」「創造」のもと、「自立した個人の育成」を教育目標に掲げる桜丘高等学校（以下、桜丘）。来年、２０２４年に創立１００周年を迎える伝統校です。

桜丘のめざす「自立した個人」とは、教養深くコミュニケーション能力に優れ、社会で活躍できる人材を意味します。進学教育に加え、英語教育や人間教育にも力を入れることで教育目標の実現をめざす桜丘の取り組みを、コース制を中心にご紹介します。

めざす将来像に沿う特色ある4コース制

桜丘では、多様化する大学入試へ対応する4コース制を採用し、生徒の個性に合ったコースごとに、将来を見据えた学びを展開しています。

難関選抜の「スーパーアカデミックコース」は、難関大学進学をめざすコース。早稲田大学名誉教授による通年の探究ゼミや小論文・英作文育成講座、朝のHRで週3回実施するオンライン英会話、現役東大生による学習・生活指導「東大スタディークラブ」など、難関大学入試へ特化したカリキュラムが特徴です。

文理特進の「アカデミックコース」は広い選択肢から進路を選び取れるコース。文系・理系、国公立大学・私立大学と幅広い進路に対応できるため、自分に合った進路や受験方式を探り、合格をめざします。

グローバル探究の「グローバルスタディーズコース」は国際社会で活躍する力を育むコース。ネイティブ教員による英語の授業やオンライン英会話、第2外国語（中国語）の授業などの実践的な言語学習のほか、世界とのかかわりを意識できる探究学習プログラムも実施します。

キャリア探究の「キャリアデザインコース」は、先進的なプログラムに取り組むことで生徒の「知る」「考える」「行動する」力を高めるコース。企業インターンシップや地方創生プロジェクト、次世代型キャリア教育などの独自プログラムを多数実施しています。

桜丘では、生徒の自発的な学習へのサポートや親身な進路指導も充実しています。また、人間教育にも重きをおき、学校生活の様々な場面で主体的に物事を考え、行動に移せる力を育む工夫もあります。

個性に合ったコースで希望する大学への合格をめざしながら、人間的にも大きく成長できる学校です。

八《や》千《ち》代《よ》松陰《しょういん》高等学校

千葉県　八千代市　共学校

所在地：千葉県八千代市村上727　生徒数：男子1158名、女子865名　TEL：047-482-1234　URL：https://www.yachiyoshoin.ac.jp/shs/
アクセス：京成線「勝田台駅」・東葉高速鉄道「東葉勝田台駅」「八千代中央駅」バス

１人ひとりの持ち味を生かす

八千代松陰高等学校（以下、八千代松陰）は、「社会に役立ち、新しい歴史創りの主人公となる青年の育成」をめざし、生徒の「持ち味を生かす教育」を実践している学校です。

生徒の可能性を広げる充実したカリキュラム

八千代松陰では、「ＡＥＭ（英数特進）コース」、「ＩＧＳ（特進）コース」、「進学コース」の３つのコースを編成し、希望進路に応じた学習を行っています。

２０２１年に新設された「ＡＥＭコース」は、東京大学など最難関国立大学、医学部医学科、海外大学への現役合格をめざすコースです。独自の教材を使用して、高2までに高校３年間の履修内容を先取り学習し、高3では演習問題を中心に大学入試に向けた学習を行います。放課後には数学・英語・理科の特別補講「ＥＳＴゼミ」を実施。年間２００時間の学習時間を確保することで確実に学力を伸ばしていきます。

次に「ＩＧＳコース」は、大学入試に対応するだけでなく、国際的な視野を育て、社会で活躍できる人材を育成するコースです。討論やグループワークを取り入れた授業を展開し、論理的思考力やコミュニケーション能力を育てます。また、希望者対象の「トレイルメーカーズプログラム」では、夏休みに約3週間アメリカの大学で研修を行い、国際社会に通用するアントレプレナーシップ（起業家的精神）を学ぶことができます。

「進学コース」は、習熟度別クラスで主要5科目の授業を行っているのが特徴です。高2で文系・理系を選択し、高3からはさらに週17時間の選択科目を用意。これにより進路に応じた受験科目を効率よく学習することが可能になっています。

国際理解教育も八千代松陰の特徴の1つです。ニュージーランドやカナダなど5カ国にある姉妹校・提携校との国際交流プログラムやグローバル教育に加え「探究学習」で主体性を身につける「スタディーツアー」で国際感覚を養っています。

また、東京ドーム3つ分の広大なキャンパスに、競技別の10のグラウンドと2つの体育館、3つのコンピュータ室や蔵書6万冊以上のメディアセンターなど、充実した施設も魅力の八千代松陰。スクールカラー「さわやか」「はつらつ」「ひたむき」のもと、生徒たちは勉強にスポーツに日々全力で打ち込んでいます。

お役立ちアドバイス！

受験生へのアドバイス

理科の授業で行われる実験・観察はどういう姿勢で取り組めばいいのかと悩んでいる受験生へ。

実験・観察の内容と結果だけではなく、目的、方法、注意事項などにも着目しましょう。

Advice

入試のためだけにとどまらず、理科では、実験・観察は非常に重視されています。それは、「自然科学」という分野が、事実を正確にとらえたうえで、様々な事象を分析、研究することを基本としているからです。

入試における実験・観察に関する出題は、なぜその実験・観察をするのか、どういった点に注目すべきか、そこからわかることはなにかというように、目的や結果を分析し、因果関係まできちんと理解しているかどうかが問われることが多くなっています。こうした点まで問われるのは、入試を通じて知識をつけるとともに、科学を「探究」する姿勢の大切さを実感してほしいという狙いがあるからです。

入試では、基本的に学校の授業で行ったものが出題されますから、実験・観察を行う際は、その目的、方法、結果、注意事項などに気を配り、積極的に取り組んでください。そして、自分が疑問に感じた内容やもっと調べてみたい実験・観察があれば、それについてさらに探究を進めていきましょう。

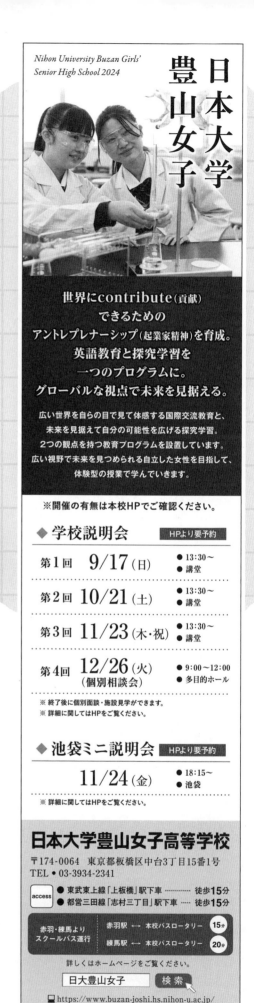

知って得する

保護者へのアドバイス

実技教科の内申点は入試の合否に影響するのだろうかと心配されている保護者の方へ。

公立高校入試や私立高校の推薦入試では、内申点が大きな比重を占める場合があります。

Advice

内申点とは、入試で使用する調査書に記載された成績評価のことです。都道府県によって少し異なりますが、多くの公立中学校では中3の1学期と2学期の成績をもとに内申点を決定しており、公立高校入試や私立高校の推薦入試などでは、この内申点が大きな比重を占めることがあります。9教科を総合して評価する内申点の場合、音楽・美術・保健体育・技術家庭といった実技教科の評価が内申点全体に大きな影響をおよぼすため、だれしもこの実技教科でいい評価を得たいと考えているはずです。

ただし、特別な対策はないと思います。もし考えられるとすれば、実技教科では提出物がポイントとなることが多いようですので、毎回の授業を真剣に受けて、作品や課題などを忘れずにきちんと提出すること。中間・期末テストではしっかりと準備をして、確実にいい得点を取ることなどがあげられます。

中3から成績を上げようとしても思うように成果が出ないことの方が多いので、中1・中2の段階から前述のようなことをしっかり意識して実技教科に取り組むことが大切です。

日《に》本《ほん》大《だい》学《がく》第《だい》三《さん》高等学校

一生使えるスキルを磨く！

東京大学、一橋大学、防衛医科大学に現役で合格！

大自然のなかで最先端教育の実現をめざす日本大学第三高等学校（以下、日大三）は、2023年度大学入試において、東京大学をはじめ、一橋大学、防衛医科大学校（医学科、看護学科）、筑波大学、東京農工大学、横浜国立大学といった国公立大学や慶應義塾大学、早稲田大学といった難関私立大学への進学実績を残しています。2019年から新たに設置した『特進クラス』（文系・理系各1クラス）は、成績上位者から選抜され、難関国公立私立大学で活躍できる学力を身につけるための授業が展開されています。

ICT教育と自求自探

日大三のキャンパスは、都内でも屈指の広さを誇り、のびのびとした学校生活を送ることができる恵まれた環境です。高校の生徒全員にタブレット端末（iPad）が貸与され、図書室の一角にある『ICT推進室』には、システムエンジニアが常駐し、機器の不具合や故障にその場で対応し、ネットワークを介してのトラブルなども未然に防げる万全な体制を整えています。教員も、授業で使用する新しいアプリのリサーチなども行うことができるため、授業内容の質問に、動画を作ってわかりやすく説明するなど、学習のサポートにも使われています。

また、『総合的な探究の時間』を活用して、『自求自探』の力を高めています。日大三の『自求自探』とは、観察力や論理的に思考する力、仮説を立てる力、キーワードを掘り下げる力などのことをいい、高1の前半はオリジナルテキストを用いて習得し、後半は、グループで『企業インターンワーク』に取り組みます。高2ではゼミに所属し、個人ごとに設定したテーマに取り組みます。テーマ設定は非常に重要で、『自分ごと』にできるように工夫していて、探究発表会では7分程度のプレゼンテーションを行います。探究の課題になんどもチャレンジしたことで、粘り強く学ぶ姿勢ができ、ほかの教科の学習においても進歩がみられるようになっています。

年間通じて約200の講座でフォローアップ

図書館や職員室近くに設けられた学習室は、朝・昼・放課後の勉強場所として多くの生徒が活用しています。図書館の学習スペースは約250席あり、個別学習室やグループ学習室があります。夏・冬・春の長期休業中は、高1では基礎・応用に特化した講座、高2・高3では基礎徹底講座、国公立難関私大受験対策講座など受験対策講座が充実しており、各教科の講座を組みあわせて受講することができます。

School Information〈共学校〉

所在地：東京都町田市図師町11-2375
アクセス：JR横浜線・小田急小田原線「町田駅」バス20分、JR横浜線「淵野辺駅」バス13分、京王相模原線・小田急多摩線・多摩都市モノレール「多摩センター駅」バス15分
TEL：042-789-5535
URL：https://www.nichidai3.ed.jp/

説明会情報

●学校説明会（要予約）
10月21日(土)、11月4日(土)、12月2日(土)
各13:45～15:00
●オンライン学校説明会（要予約）
9月16日(土) 15:30～16:30

国際交流から探究活動の深化へ
「麗澤の学びは、世界《セカイ》が教室。」

麗澤《れいたく》高等学校［共学校］

感謝の心をもち、世界に貢献する人間を育成するという創立者の思いが脈々と受け継がれている麗澤高等学校。生徒一人ひとりの進路探究の深化と進路目標の達成を実現させます。

［入試説明会］要予約

第1回　10月15日(日)14:30～16:00
第2回　10月22日(日)10:00～11:30
第3回　11月19日(日)14:30～16:00

※各回とも説明会終了後、希望者対象に施設見学、個別説明、寮見学・寮説明会があります。日時や内容は変更の可能性がありますので、学校HPをご確認ください。

School Information

Address：千葉県柏市光ヶ丘2-1-1
T E L：04-7173-3700
U R L：https://www.hs.reitaku.jp/
Access：JR常磐線「南柏」バス5分

創立以来の理念が息づく進路探究

麗澤高等学校（以下、麗澤）は、昭和10年に創立者廣池千九郎が前身となる学校を設立して以来、一貫して道徳教育による品性向上とともに、国際社会で活躍できるリーダーシップの育成を掲げてきました。

今年度は、コロナ禍がようやく収束を見せ始めたのに伴い、本来重視してきた国際交流をますます積極的に進めています。

夏休みには、希望者が参加する海外語学研修が多く企画され、イギリス、カナダ、オーストラリアに80名を超える生徒が参加しました。冬休みには、貧困地域の視察や恵まれない子どもたちが暮らす施設での滞在やボランティアをプログラムに含めた、タイ・スタディツアーにも希望者が参加します。

ブラジルの提携校との交流

また、来校する団体も多くあり、4月には高校女子ラグビーのニュージーランド代表チームの10数名が、6月にはオーストラリアの提携校から20名以上の高校生が、さらに7月にはブラジルの提携校から30名以上の高校生が来校しました。こういった来校団体がある度に、麗澤の生徒はホストとしての役割を果たしながらコミュニケーションを重ね、異文化理解や国際的な課題への視点を養っていきます。

こうした体験によって、生徒は改めて自分自身を見つめ直すとともに、進むべき進路を国際的な視野からも探究していくことができます。

高1から始まるキャリア・進路プログラム

麗澤は3年間を通してコース制を導入しています。高1は、高入生のみで構成する「叡智スーパー特進コース」と「叡智特選コース」、高2・高3は、一貫生と混成の「叡智TK（国立強化コース）」、「叡智SK（私立国公立強化コース）」の2コースに分かれます。当然、高1の間に、高2からのコース選択や科目選択を決めていく必要があり、高2の間には、志望大学の候補を考えながら、受験科目を選択し、強化していく必要があります。

こうしたコース・科目選択を進めるに当たって、重要かつ大きな役割を果たしているのが、「自分《ゆめ》プロジェクト」という3年間を通じたキャリア・進学支援プログラムです。

職業研究、大学研究を継続的に行うとともに、卒業生の社会人講師による職業別講演会（高1・高2対象）や、大学出張講義（高2対象）、大学教養講座（高3対象）などを通して、自分の進むべき進路を定め、深化させていきます。

建学の精神を脈々と受け継ぎ、心の力を育みながら、日本人として国際社会に貢献できる、次世代のリーダーを育成している麗澤高等学校です。

職業別講演会

日本大学高等学校

神奈川　共学校

問題

　下の図のように、AB＝AC＝8cm、OB＝OC＝12cm、∠OAB＝∠OAC＝90°の三角錐O－ABCがある。

点D、E、Fはそれぞれ辺OA、OB、OCの中点であり、点Mは線分EFの中点である。

(1)　△ABCが正三角形になるとき、

　　　DM＝□①　√□② cmである。

(2)　△ABCの面積が最大になるとき、

　　　AM＝□③　√□④ cmである。

●神奈川県横浜市港北区箕輪町 2 - 9 - 1
●045-560-2600
●東急東横線・目黒線・新横浜線・横浜
　市営地下鉄グリーンライン「日吉駅」
　徒歩12分
●https://www.yokohama.hs.nihon-
　u.ac.jp/senior/

【学校説明会】
10月21日（土）

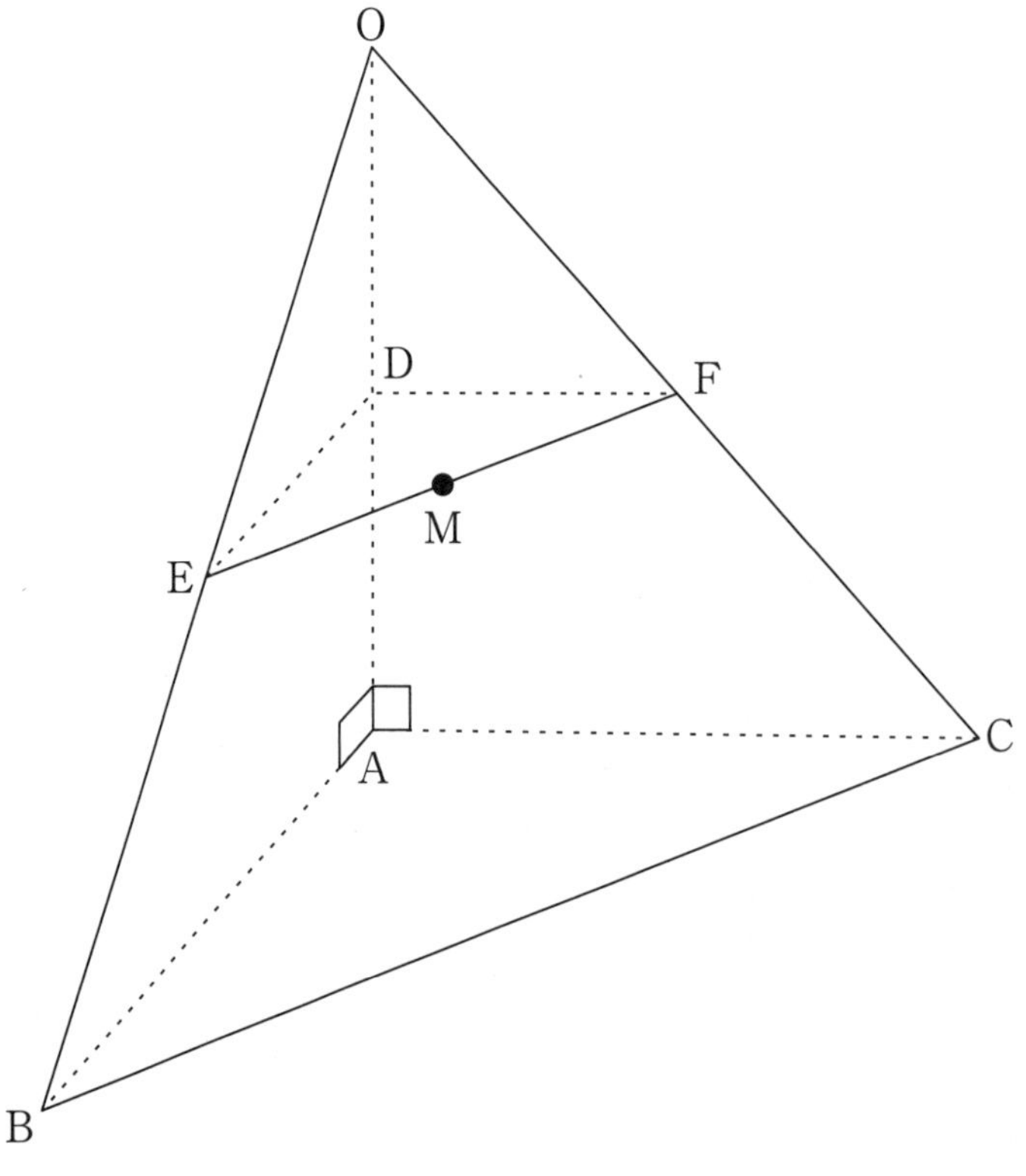

レッツトライ！入試問題

十《じゅう》文《もん》字《じ》高等学校

東京　女子校

問題

ある国のペットボトルのリサイクルについて、次のような資料が得られた。下の問いに答えよ。

ただし、(リサイクル率) ＝ $\dfrac{(\text{再資源化量})}{(\text{販売量})}$ である。また、2016年と2020年の販売量、再資源化量と、2018年の再資源化量は、下の資料からぬけています。

ある国のペットボトルの販売量と再資源化量

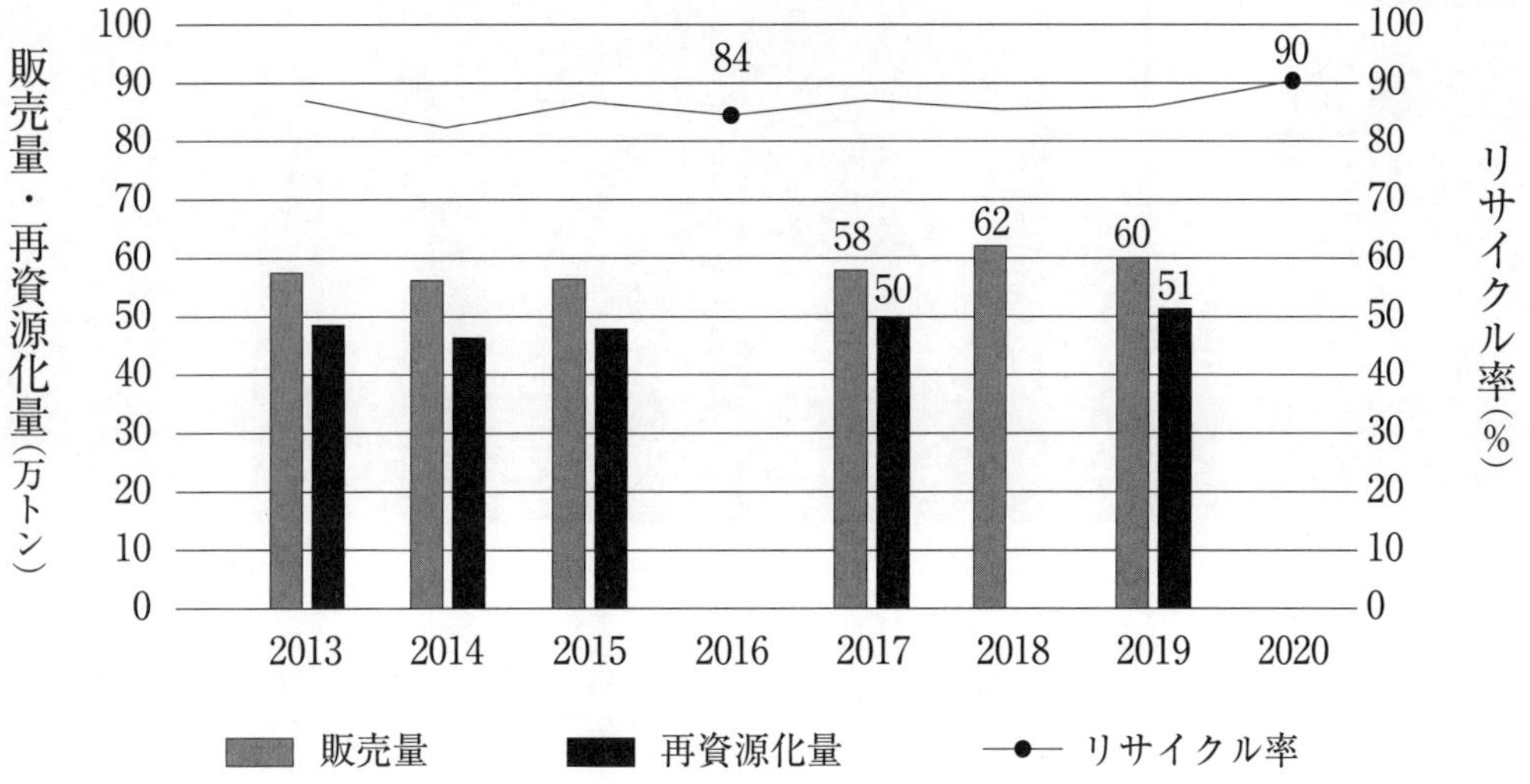

(1) この資料の2017年～2019年の3年間を通してのリサイクル率が85%のとき、2018年の再資源化量（万トン）を求めよ。

(2) この資料の2020年の販売量は、2016年と比べると、2万トン減っている。また、2020年の再資源化量は、2016年と比べると、1.8万トン増えている。2016年のリサイクル率は84%、2020年のリサイクル率は90%であるとき、2016年のペットボトルの販売量（万トン）を求めよ。

解答　(1) 52万トン　(2) 60万トン

●東京都豊島区北大塚1-10-33
●03-3918-0511
●JR山手線「大塚駅」、JR山手線・都営三田線「巣鴨駅」、都電荒川線「大塚駅前駅」徒歩5分
●https://js.jumonji-u.ac.jp/

【入試説明会・相談会】要予約
10月21日（土）14:00～
11月11日（土）14:00～
11月25日（土）14:00～
12月9日（土）14:00～

【生徒案内見学会】要予約
9月30日（土）14:00～
11月4日（土）14:00～

新しい自分に出逢える学校

国学院《こくがくいん》高等学校

国学院大学の歴史と伝統を受け継いだ真面目で穏やかな校風を持つ国学院高等学校。
勉強、クラブ活動、学校行事に全力で取り組める全方向性を持った学校です。

大規模校だからこそ必要な「親身の指導」

１９４８年の開校以来、併設中学校のない高校単独校として、バランスのとれた全人教育に取り組む国学院高等学校（以下、国学院）。学校周辺の明治神宮外苑エリアでは、スポーツや文化施設など、東京の新しい魅力を発信するための再開発が進んでいます。

国学院は、1学年約６００名の生徒が在籍する都内でも有数の大規模校で、青山という立地のよさもあり、毎年多くの受験生を集める人気校でもあります。高校入学時には、特進コースや選抜コースといったコース区分がないため、新入生全員が横にフラットな状態で高校生活をスタートすることができるのも、国学院の魅力の1つです。

「本校は生徒数が多いので、『親身の指導』をとても大切にしています。各教員が積極的に生徒とコミュニケーションを取ることが伝統となっていて、なかでも、年3回実施する面談週間では、各担任が生徒一人ひとりに寄り添い、時間をかけて様々な話をします。

また、本校はなにかに偏ることのない全方向性を持った学校なので、高校3年間で色々なことにチャレンジできます。学力だけではなく、社会で必要とされる力を身につけることができ、自分の新たな可能性をきっと見つけることができるはずです」と話されるのは入試広報部部長の谷崎美穂先生です。

真面目で穏やかな校風

付属校＆進学校の実力

国学院大学の付属校でありながら、都内でも屈指の進学校である点も魅力の1つです。

高校3年間の学習内容を見てみると、1年生は基礎学力と学習習慣をつけることを目的としたカリキュラムが中心で、2年生から文系・理系に分かれて大学受験を意識した授業に入ります。そして2年生は秋に実施する文化祭を境に本格的な受験モードに入り、3年生では学校推薦も含め、各々の進路目標の達成に向けた準備に取りかかります。

「大学受験に関しては、長期休暇中の講習や3年生の勉強合宿など、様々な学習機会を用意しています。一方、日々の生活のなかで最も大切にしている点は、授業への準備や取り組み方など、当たり前のことを、泥臭く、コツコツと取り組むよう指導していることです。小テストへの取り組みや課題提出についても、細かいことですが、徹底して指導しています」（谷崎先生）

国学院では、毎年、2割弱の生徒が無試験推薦で国学院大学へ進学していますが、その他8割強の生徒は、国公立大学をはじめとした難関大学へ果敢にチャレンジしています。2023年度大学入試でも高い合格実績を残しており、国公立大学・早慶上理88名、G-MARCH442名の生徒が現役で合格しています。

昨年度から国内体験学習と海外研修を再開

多くの大学が英語民間試験の結果を入試に利用する傾向が高まっていることをふまえて、英検への取り組みにも力を入れています。

1、2年生は年3回、3年生は年1回の英検受験を全員必修にしており、長期休暇中には英検講習を実施しています。外部講師による年5回（1、2年生は3回必修）の英検講習を通して、生徒全員の英語力の底上げを図りながら、高校卒業までに英検2級の取得をめざします。

また、コロナ禍で中止していた海外研修は、昨年度の冬からオーストラリア海外研修を再開しました。今夏には、オーストラリア・シドニー、カナダ・バンクーバー、シンガポールの3コースを実施し、約120名が参加します。

国内で実施する宿泊型の体験学習も昨年度の冬から再開しました。国学院の伝統行事でもある「スキー教室」、歴史や文化、防災など自らテーマを決めて探究する「東北研修」、出雲を訪れて本格的なフィールドワークから日本文化を学ぶ「歴史教室」、歴史、文学の2つのテーマに分かれて仲間とともに探究する「京都研修」、国内研修の再開を機に、今回初めて企画した「沖縄研修」の5つの宿泊型イベントを実施し、通常の学校行事が再開されています。

「1学年に約600人の同級生がいますので、それぞれの個性も様々です。飾ることなく、そのままの自分でいられるはずです。学校行事も多く、部活動も運動部・文化部と豊富にありますので、自分の居場所を見つけて、高校3年間を思いっきり楽しむことのできる学校です」（谷崎先生）

■国学院高等学校（共学校）
所在地 東京都渋谷区神宮前2-2-3
TEL 03-3403-2331
https://www.kokugakuin.ed.jp/
＜アクセス＞
地下鉄銀座線「外苑前駅」徒歩5分
地下鉄大江戸線「国立競技場駅」徒歩12分
JR線「信濃町駅」「千駄ヶ谷駅」徒歩13分
■学校説明会
10月21日（土） 11月25日（土）
10月28日（土） 12月 2日（土）
11月11日（土）
※詳細はHPでご確認ください。

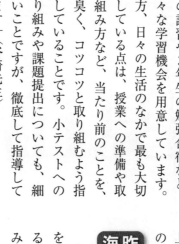

確かな英語力を武器に未来を切り拓く

富《ふ》士《じ》見《み》丘《がおか》高等学校【女子校】

School Information

所在地　東京都渋谷区笹塚3-19-9
TEL　03-3376-1481
アクセス　京王線「笹塚駅」徒歩５分
URL　https://www.fujimigaoka.ac.jp/

「国際性豊かな若き淑女」を育成している富士見丘高等学校。英語教育は富士見丘の教育の大きな柱の1つです。高校3年間でしっかりと英語力を伸ばす、その教育内容について見ていきましょう。

手厚い指導で伸びる国内外の大学合格実績

2015〜2019年に文部科学省よりスーパーグローバルハイスクール（SGH）の指定を受け、2020年度からワールドワイドラーニング（WWL）コンソーシアム構築支援事業拠点校の指定を受ける富士見丘高等学校（以下、富士見丘）。

SGH指定期間中に開発し、その後も継続する数々の取り組みや、WWL指定校として導入した新たなプログラムなどを通して、国際社会で活躍できる力を育んでいます。なかでも定評があるのが、4技能（聞く、話す、読む、書く）を丁寧に伸ばす英語教育です。

「この4技能を存分に伸ばすことが、本校の英語教育の目標です。そのためのキーワードが『徹底面倒見』。学習歴と習熟度に応じて、1人ひとりに寄り添って大切に伸ばしていきます。

そのため、カリキュラムの部分では『新旧融合』を意識し、これまで培ってきた文法や読解の丁寧な指導のノウハウを活かしつつ、アクティブラーニング型の授業やPCを活用する指導を積極的に導入しています」と英語科主任の田中裕樹先生は説明されます。

きめ細かな指導が実を結び、近年は大学合格実績も堅調な伸びを示し、今春には海外の有名大学に合格・進学する生徒が11名**【表1右】**出ています。

こうした成果について佐藤一成副教頭先生は「本校では従来から、グローバルに活躍できる女性を育てるために、探究学習やICT教育とともに、英語教育や国際交流に力を入れてきました。

それがSGHやWWLの取り組みを通して学校全体にしっかりと浸透し、生徒も積極的に様々なことにチャレンジするようになりました。英語検定の上位級取得者**【表2】**や外部コンテスト入賞者も増加の一途をたどり、その実績を活用して多くの生徒が総合型選抜で大学合格を果たしています」と話されます。

海外大学の受験指導については「国内の推薦型、総合型選抜と変わらず、出願からエッセイ指導まで徹底的に寄り添いサポート」（田中先生）するこ

【表2】 2022年度高校３年生 英検取得状況

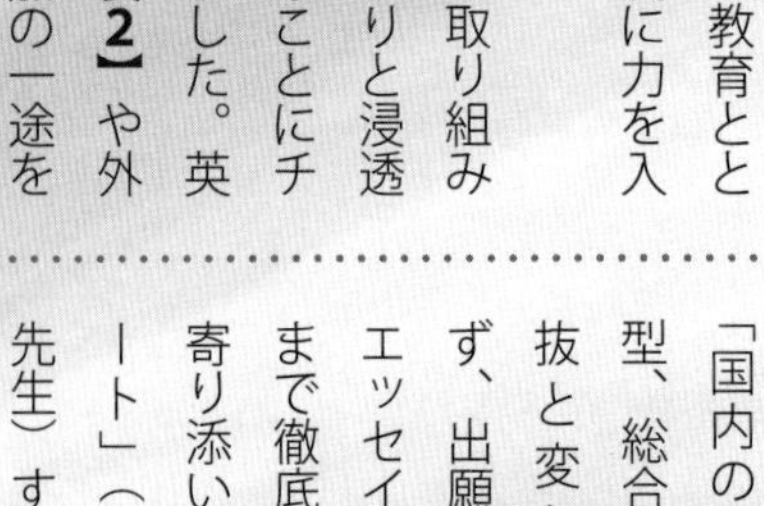

【表１】2023年度 主要大学合格実績 （卒業生102名より抜粋）

国内大学	合格者数	海外大学
東京都立大学	2名	University of Michigan【第23位】
早稲田大学	6名	University of Washington【第25位】
上智大学	22名	University of California, San Diego【第32位】
国際基督教大学	2名	Georgia Institute of Technology 【第38位】
東京理科大学	2名	Rice University【第147位】
学習院大学	4名	Texas A&M University【第181位】
明治大学	10名	Texas Wesleyan University
青山学院大学	11名	University of Texas at Arlington
立教大学	21名	University of Central Arkansas
中央大学	7名	University of Nebraska at Omaha
法政大学	10名	Pacific Rutheran University

※【　】内は英国Times Higher Educationによる「世界大学ランキング」順位

とが、富士見丘の大きな特徴です。

手厚い指導で伸ばす 確かな英語力

では、実際に、どのような英語の授業が行われているのでしょうか。

各学年の授業は週9時間と豊富で、技能ごとに細かく科目を設定していることが特徴です。そのうえで、英語の習熟度に応じた「グローバル」（一般）と「アドバンスト」（英語特進）のコース制を採用しているため、自分にマッチした環境で安心して学習に打ち込むことができます。

「アドバンスト」はさらにA・B・インターの3つに細分化され、最上位のインターでは、すべての授業でネイティブ教員による取り出し形態を採用する一方、「グローバル」を含む、ほかのどのコースでも週3回以上はネイティブ教員による授業が用意され、アウトプットの機会が多いことも特徴です。

では、制度の手厚さは、指導の面にどのように反映されているのでしょうか。その一例が、「週末エッセイライティング」における「コラボ添削」です。与えられたテーマに関するエッセイを書き上げ、英語面はネイティブ教員が、内容面は日本人教員が添削します。1人の生徒に対して教員が2人がかりで添削する手厚さはもちろん、リライト指導まで行うので、確実に書く力を伸ばすことができます。

ほかにも、ICTを活用した音読指導や希望者を対象とした放課後の個別英会話など、1人ひとりを徹底して大切にするプログラムが数多く用意されているのが富士見丘の英語教育なのです。

「小学英語の必修化により、生徒の英語力は、学習環境や学習歴によってむしろ大きな差が見られるようになりました。

しかし、富士見丘では英語力に基づくコース制の採用により、どのような習熟度であってもここからしっかり積み重ねていくという意欲を持つ生徒は安心してのびのびと学ぶことができます。

そして、確かな英語力を軸にしてさらに別の武器を磨き、自分の可能性を広げてほしいと願っています。その武器は探究学習かもしれませんし、理系的なアプローチかもしれません。英語という軸があるからこそ大学合格実績が伸び、生徒たちは夢を現実に近づけられているのではないかと思います」と田中先生は話されます。

「徹底面倒見」のもとで英語力がぐんぐん伸びることで、その先の選択肢が広がっていく。富士見丘には、そんな環境が整っています。

ここがすごい！ 富士見丘の英語教育

書き直しまでしっかりと エッセイライティング

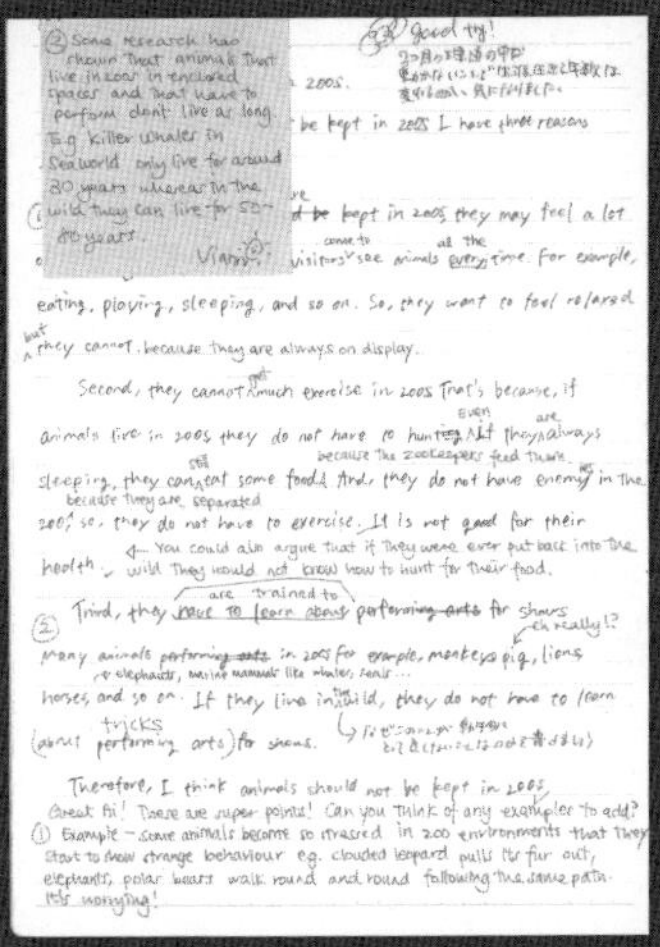

それぞれの生徒の学びの現状や性格を熟知している富士見丘の教員による「コラボ添削」。だからこそ、1人ひとりに響く言葉で添削を受け、理解を深めることが可能になります。

聞く力と話す力を鍛える オンラインスピーキング

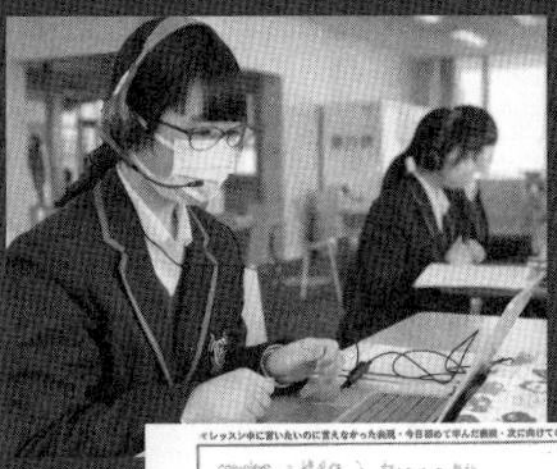

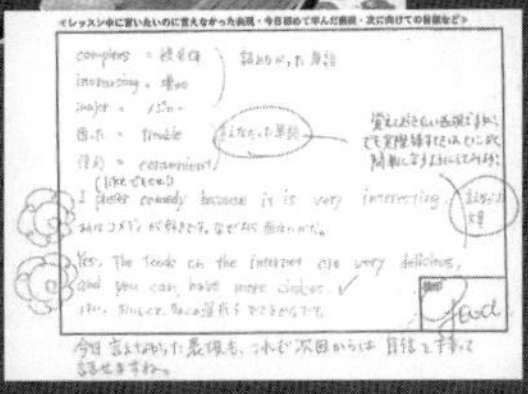

1・2年生が毎週取り組むオンラインスピーキング。富士見丘独自の振り返りシートに、その日のレッスンを通して学んだ語句や会話特有の表現、うまく言いきれなかった英語を書き出し、添削を受けます。「これにより、会話というその場限りの行為から継続的な学習の場へと転化し、英会話だけではない英語力全体の底上げの役割を果たしています」（田中先生）

全グループが英語でプレゼン 校内探究成果発表会

毎年2月に行われるWWL課題研究発表会では、2年生の参加者全員が英語で年間の探究成果を発表。先輩の英語発表は後輩にとっての憧れとなり、学習意欲が高まります。

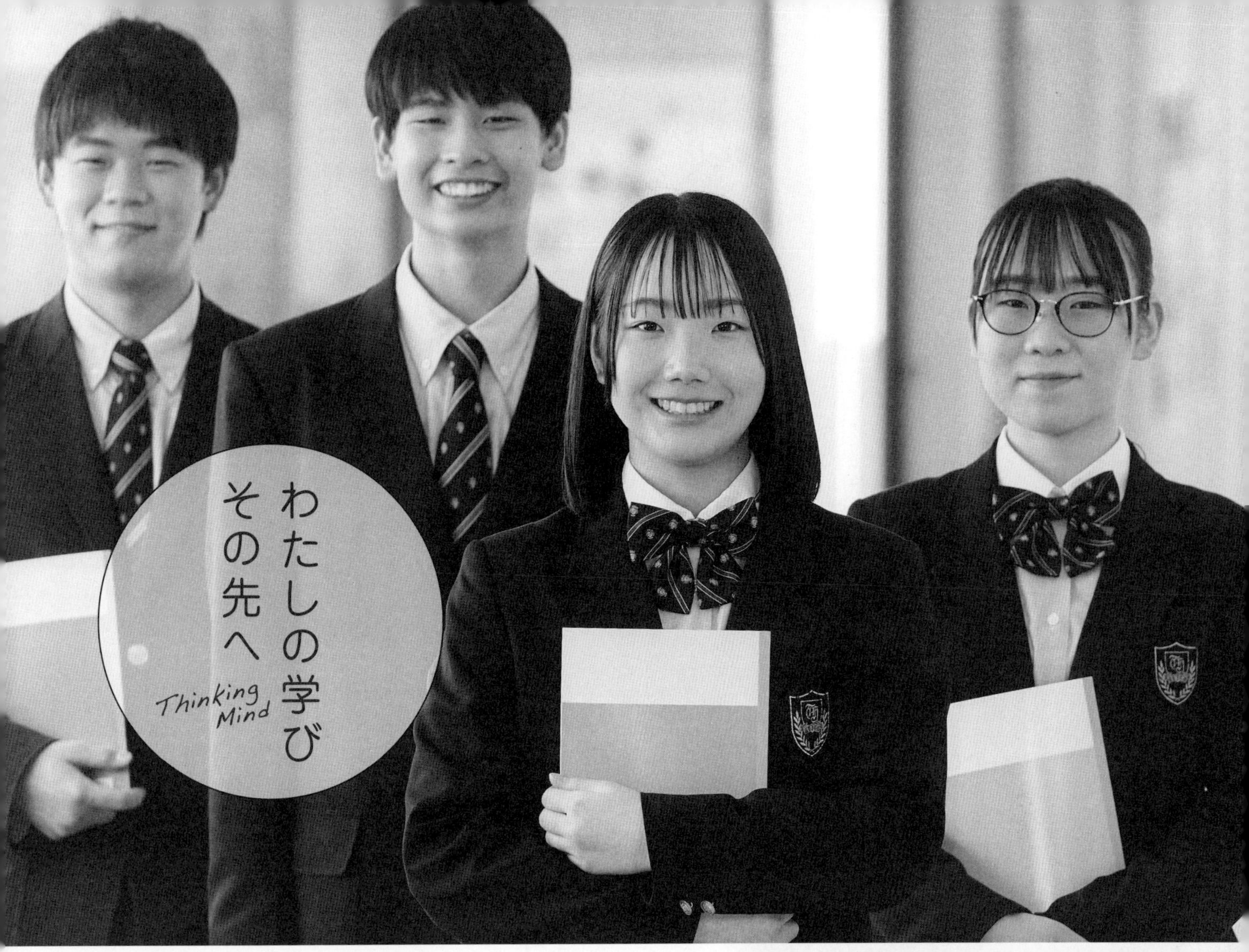

社会の変化を見すえながら
本校ならではの『人間教育』を推進します

さまざまな事象が進化し続ける現代社会で今、求められているもの。
それは「自ら考えて行動する力」であり「周りとバランスよく協調できる力」です。
本校が創立以来掲げている『自主』『自立』『平和』という教育方針を軸に
『社会貢献を志す生徒の育成＝人間教育』を実践しています。
一人ひとりの希望進路、適性に応じた『4つの類型』や、
勉強と部活動に取り組むことで
『知』と『心』と『体』を育む本校伝統の文武両道、
生徒が主体となり仲間たちと企画・運営を行うさまざまな行事。
さらには、状況を見極めて問題解決に挑む能力を身につけるためにスタートした
『探究』の授業も、そのための取り組みです。
目まぐるしく変貌を遂げる社会を見すえながら柔軟に対応する。
創立以来変わらない豊島学院の教育です。

今春の大学合格実績

スーパー特進類型	現役合格率88.0%	現役進学率80.0%
特別進学類型	現役合格率91.9%	現役進学率86.5%
選抜進学類型	現役合格率92.9%	現役進学率84.8%
普通進学類型	現役合格率93.6%	現役進学率92.0%

学校説明会【予約制】※校舎見学・個別相談はありません

10月21日(土)	15:00 (14:10～ 14:50入場)
11月18日(土)	15:00 (14:10～ 14:50入場)

体験入学・個別相談【中学3年生対象／予約制】

9月23日(祝土)	① 9:10～ 9:50入場(校舎見学受付) ②10:00 全体会開始
10月 9日(祝月)	① 9:10～ 9:50入場(校舎見学受付) ②10:00 全体会開始
10月22日(日)	①14:10～14:50入場(校舎見学受付) ②15:00 全体会開始
10月29日(日)	①14:10～14:50入場(校舎見学受付) ②15:00 全体会開始
11月 3日(祝金)	①14:10～14:50入場(校舎見学受付) ②15:00 全体会開始
11月12日(日)	①14:10～14:50入場(校舎見学受付) ②15:00 全体会開始
11月19日(日)	①14:10～14:50入場(校舎見学受付) ②15:00 全体会開始
11月23日(祝木)	①14:10～14:50入場(校舎見学受付) ②15:00 全体会開始
12月 2日(土)	①14:10～14:50入場(校舎見学受付) ②15:00 全体会開始
12月 3日(日)	①14:10～14:50入場(校舎見学受付) ②15:00 全体会開始

■希望日を本校ホームページ『申し込み』フォームからお申し込みください。
●予約は中3生のみです。また中3生も1回のみの参加となります。
●上履き、筆記用具をご持参ください。●自家用車での来校はご遠慮ください。
●個別相談は全体会（約2時間）終了後希望制で行います。
■上記日程は諸般の事情により、中止または延期になることがあります。
随時ホームページで確認ください。

TOSHIMA GAKUIN
学校法人 豊昭学園
豊島学院高等学校
併設/東京交通短期大学・昭和鉄道高等学校
〒170-0011 東京都豊島区池袋本町2-10-1 TEL.03-3988-5511(代表)

最寄駅：池袋／JR・西武池袋線・丸ノ内線・有楽町線 徒歩15分
副都心線 C6出口 徒歩12分
北池袋／東武東上線 徒歩7分
板橋区役所前／都営三田線 徒歩15分

TRY NEW MOVE FORWARD

つねに前へ。進化する伝統校

高等学校

学校説明会 要予約

第 1 回 9/ 9㊏ 14：00～15：20

第2・3回 10/21㊏ 10：00～11：50／14：00～15：50

第4・5回 11/18㊏ 10：30～11：50／14：00～15：20

中高同時開催

中高施設見学会 要予約 10：00～12：00／13：30～15：30

第1回 5/20㊏／第4回 8/26㊏

第2回 6/17㊏／第5回 12/25㊊

第3回 7/29㊏

紫紺祭（文化祭） 予約（予定）

9/23㊏ 10：00～16：00

9/24㊐ 9：30～15：30

中学体育祭 予約（予定）

10/26㊍ 9：15～15：30

※校舎建物内への立入りはできません。

※本校校舎建物への入場に際しては上履き・靴袋が必要です。 ※新型コロナウイルス感染状況によっては、行事の変更・中止、または予約制となる場合もありますので、直前に本校HPをご確認ください。

スクールバス発着駅 京王線「調布」駅より約20分 「飛田給」駅より約10分（渋滞回避のため、朝7:30～8:15は飛田給駅を利用） JR中央線「三鷹」駅より約25分 JR南武線「矢野口」駅より約25分

※本校では、原則としてスクールバスを利用して通学します。

明治大学付属
明治高等学校・中学校

〒182-0033 東京都調布市富士見町 4-23-25
TEL.042-444-9100（代表） FAX.042-498-7800
https://www.meiji.ac.jp/ko_chu/

特別進学クラス　大進選抜クラス　大学進学クラス

保善高等学校

100年の歴史を基盤に
「新しい自分・自分が望む自分」を創る単独男子校

3年連続 80%以上の4年制大学現役進学率を実現！

交通アクセス

高田馬場駅より 徒歩8分
- JR山手線
- 西武新宿線
- 東京メトロ東西線

西早稲田駅より 徒歩7分
- 東京メトロ副都心線

西武池袋線・東武東上線・東急東横線・みなとみらい線が相互乗り入れ運転

〒169-0072 東京都新宿区大久保3丁目6番2号

資料請求

入試広報部 フリーダイヤル
0120-845532

保善高校 検索　スマートフォンでもご覧頂けます　hozen.ed.jp

資料請求やWeb予約はホームページから

学校説明会と個別相談会　Web予約が必要です

9/16㊏　10/14㊏　10/28㊏　11/11㊏
11/18㊏　11/25㊏　12/2㊏　全日程10時開会

個別受験相談会　Web予約が必要です

10/22㊐	11/19㊐	12/3㊐	12/9㊏	12/17㊐
10時~15時	10時~15時	10時~15時	10時~15時	10時~15時
12/4㊊	12/5㊋	12/6㊌	12/7㊍	12/8㊎
15時~18時	15時~18時	15時~18時	15時~18時	15時~18時

文化祭

9/30㊏　10/1㊐
10時~15時

日程は変更になる場合がございますので
HPで最新の情報をご確認ください。

真の文武両道を追求しよう!

2023年度・大学合格者数

国公立大学	87名	早慶上理	54名
医学部医学科	10名	G-MARCH	218名

部活動活動実績　各部活が活躍!!

世界大会!　パワーリフティング部〔個人優勝〕、水泳部〔個人2位〕
全国大会!　吹奏楽部〔全日本吹奏楽コンクール銀賞〕、茶華道部・囲碁将棋部
HIP HOP部、陸上競技部、トランポリン競技、アーチェリー部
女子バレーボール部
関東大会!　男子バレーボール部

学校説明会

＊ホームページよりご予約ください。

10月28日(土) 10:00〜11:30
学校見学会

11月12日(日) 10:00〜11:30
学校・入試説明会

個別相談会

＊ホームページよりご予約ください。

9月16日(土)　**9月23日(土祝)**
10月15日(日)　**10月21日(土)**
11月18日(土)　**11月25日(土)**
12月16日(土)
(全日程 9:00〜12:00、13:00〜15:00)

2024年度 入試日程

第1回　**1月22日(月)**
第2回　**1月24日(水)**
第3回　**2月　1日(木)**

＜募集定員＞
選抜コース　80名
特進コースE系 180名
特進コースS系 160名

各説明会、見学会、個別相談会は、登録制となっております。

日時などは変更になる場合がございます。最新情報をホームページでご確認のうえ、お越しください。

本校実施の説明会では、春日部駅西口よりスクールバスを用意させていただきます。

春日部共栄高等学校

〒344-0037 埼玉県春日部市上大増新田213　TEL.048-737-7611
東武スカイツリーライン／東武アーバンパークライン 春日部駅西口からスクールバス10分
https://www.k-kyoei.ed.jp

奈良県 ● 共学校

西《にし》大和《やまと》学園《がくえん》高等学校

近畿圏屈指の進学校として知られる西大和学園高等学校。開校4年後の1990年以来、海外経験を持つ生徒も積極的に受け入れ、また、世界各地から留学生を迎えるなど、世界を舞台に活躍するリーダーを育てています。今回は生徒募集部長の佐々木淳也先生にお話を伺いました。

設立当初より続く 生徒の視野を広げる教育

本校は設立時より「グローバルに活躍できるリーダーの育成」をコンセプトに、海外や日本全国から様々なバックグラウンドを持った生徒たちの受け入れ体制を整えてきました。

そのような生徒同士のかかわりの中で、多様な価値観を尊重しあう雰囲気が醸成されています。

進学校として学業を重視しているのはもちろんですが、それだけではなく、学校行事や課外活動にも力を入れています。生徒たちには多くのことを経験し、視野を広げてほしいと考えています。

ただインターネットや書籍で調べるだけではなく、実際に現地に赴き、そこにどんな問題が存在しているのかを目で見て、肌で感じる経験を重視しています。

一例として、海外の大学と協力して、発展途上国の抱える問題を発見し、解決策を考え、提案するようなプログラムを設けています。

社会問題を解決するために自分たちにどのようなことができるのかを考え、具体的に行動する力を身につける機会となっており、多くの帰国生が積極的に参加しています。

このような学びの場では、「子供ならではの発想」に驚かされ、気付かされることもあります。教員も含めて、活躍のフィールドを世界へ広げることができる学校だと感じています。

一人1台Chromebookを持ち、授業や課外活動で活用しています。

生徒と距離の近い あたたかいサポート体制

校風についてよく誤解されるのですが、生徒と教員の距離が近いのが本校の大きな特徴です。進学校ではめずらしいかもしれません。

教員は、休み時間や放課後も教室や廊下に滞在し、質問に対応したり、生徒たちと会話したりする時間を大切にしています。一日のほとんどを職員室のデスクに座らずに過ごすこ

生徒募集部長 佐《さ》々《さ》木《き》淳《じゅん》也《や》先生

ともあるほどです。

このような生徒たちとのかかわりの中で気付いたことがあれば、保護者の方への連絡も欠かしません。生徒・保護者・教員の連携を軸にした学校環境となっています。

進路指導においても、まずは生徒自身がやりたいことや好きなことを見つけ、自分の希望する進路に進むことができるようなサポートを徹底しています。

海外大学への進学を目指す生徒も増えており、「海外大学進学プロジェクト」では、世界で活躍する講師を招いての講演会や出願のためのエッセイ講座などを用意しています。

日々の授業を大切にし、また課外で行われる様々なプログラムを経験したうえで、将来本当にやりたいことを見つけてほしいと思います。

海外からの帰国生は、寮で生活する生徒もいます。一部屋につき4～6人で生活する中で寮生同士すぐに仲良くなり、強い絆が育まれます。同じような境遇で入学する仲間と一緒に高校生活をスタートできますので、孤立するようなことは全くありません。

学習面では自由時間と学習時間が設定されており、メリハリのあるスケジュールで放課後もきちんと学びを積み重ねることができます。

学校と寮の両方で日々の生活をしっかりと見守っていますので、保護者の方々にも安心していただけると思います。

西大和学園高校を目指す皆さんへ

高校入試では、本校以外にもシンガポール・仙台・東京・東海・岡山・高松・福岡に試験会場を設け、また、入試科目の違いによって様々な受験区分も設定しています。

学校見学や説明会に参加し、本校に興味を持ってもらえたら、ぜひ強みを生かした受験方法で挑戦してください。

どの受験区分を選択しても、入学後に日々の授業についてきてくれれば、その後に差ができることはほとんどありません。

帰国枠入試では、難解な問題を解ける力というよりも、基本的なことがどれだけしっかり身についているかを確認しています。

丁寧に問題を読解し、解けるはずの問題でミスをせず、しっかりと点数に結び付けていく練習を重ねて、試験に臨んでもらいたいです。

生徒・保護者・教員の連携のもと、各学年がチームに、そして学校全体が一体となる教育環境でお待ちしています。

スクールインフォメーション

所在地：奈良県河合町薬井295
アクセス：近鉄田原本線「大輪田駅」徒歩8分、JR大和路線・近鉄生駒線「王寺駅」徒歩18分
TEL：0745-73-6565
URL：https://www.nishiyamato.ed.jp/

2023年3月　おもな大学合格実績

東京大学…73名／京都大学…39名／大阪大学…25名／神戸大学…29名／北海道大学…8名／東北大学…3名／筑波大学…3名／一橋大学…2名／東京外国語大学…1名／国公立大学医学部医学科…56名／慶應義塾大学…49名／早稲田大学…49名／同志社大学…90名／立命館大学…42名／関西学院大学…27名／関西大学…26名

早稲田アカデミー国際部から

出願書類の準備はお早めに

出願書類は学校ごとに異なるため、受験する可能性があるすべての学校の募集要項を必ず確認しましょう。海外から書類を取り寄せなければならない場合もありますので、早めの確認が大切です。

出願時に記入する志望理由書や活動報告書は面接試験で参照されることもあります。書き始める前に、面接で「何をアピールするか」「どのように質問してほしいか」を想定して内容を練っておくことが大切です。出願書類の準備段階から入試は始まっているのです。

慶應義塾湘南藤沢高等部 対策授業・説明会

11/3（金祝）に慶應義塾湘南藤沢高等部の帰国生入試を受験する中3生対象の対策授業を開催します。同時開催の保護者様向け説明会では、出願書類作成や面接試験のポイントをご説明します。9/19（火）よりWebサイトで申込受付開始。

魅力に迫る

次なるステップとして進められる高大連携の強化と新たな教育

東《とう》洋《よう》大《だい》学《がく》京《けい》北《ほく》高等学校

東洋大学の附属校化、共学化から9年目を迎えた東洋大学京北高等学校。星野純一郎校長先生に同校のこれからについて伺いました。

■ 東京都　文京区　共学校 ■

附属校の強みを活かしつつ他大学進学も積極的に支援

星野《ほしの》 純一郎《じゅんいちろう》
校長先生

2021年4月に東洋大学京北高等学校（以下、東洋大京北）の校長に就任された星野純一郎先生は「附属校として東洋大学との連携教育を実施できるのは大きな魅力です。例えば『KSST（京北スーパーサイエンスチーム）』では、東洋大学と関係の深い、神経再生にバイオ3Dプリンティング技術を実用化しているベンチャー企業などとの体験学習や研究所、博物館を含むフィールドワークも行いました。また今秋には、ハワイ島での大規模フィールドワークもスタートします」と話されます。

このように附属校としての強みを持ちながらも、他大学進学のためのサポート体制も万全なのが東洋大京北です。用意されているのは「難関進学クラス」と「進学クラス」の2つ。いずれも幅広く教養を養うことを第一に、そのうえで希望進路を実現することが重要だとしています。

「本校には、東洋大学への附属校推薦入学枠があり、基準を満たせば一般受験することなく進学できます。しかし、生徒には附属校だからと安易に進路を決めるのではなく、自分の将来についてしっかり考えたうえで、難関大学や国公立大学など、より高みをめざした進路選択をするように伝えています。その選択肢の1つとして東洋大学があるということです」と星野校長先生。

哲学教育に加え理数教育にも注力

東洋大京北は建学の精神「諸学の基礎は哲学にあり」に基づき哲学教育に力を入れています。必修の倫理の授業に加え、哲学ゼミや哲学エッセーコンテスト、刑事裁判傍聴学習会などのプログラムを用意。また一昨年から、海外の研修生を対象とする特許庁委託事業「知財研修」に高2の生徒が参加し、パ[※]テントコンテストの取り組み内容を英語で説明しました。加えて昨年は「子どもの哲学国際学会」でも高2の生徒が60分間、英語で発表や質疑応答をしました。

独自の哲学教育を行う一方、「理数教育にも注力します」と熱く語る星野校長先生。理数教育推進委員会を立ち上げ、高2対象の理系科目に特化した高3・0学期勉強合宿を実施しており、この春は国立大学医学部医学科への進学者も出ました。

新たな教育を展開することで、今後さらに魅力的な人材を輩出していくに違いない東洋大京北。昨年度入試から一般入試第2回を2月13日に移動するなど、より多くの受験生が受験できるようにします。

「どんなことにも挑戦するという貪欲《どんよく》な気持ちを持って、諦めない姿勢で物事に取り組める生徒さんを待っています。いま苦手なことがあったとしても、大切なのは入学してからどう過ごすかです。成長しようと頑張る、私が見たいのはそんなみなさんの姿です。本校で新しい自分を見つけましょう」（星野校長先生）

入試イベント

学校説明会 要予約
10月28日（土）　11月25日（土）
両日とも15:00～16:30

京北祭（文化祭） 要予約
9月23日（土・祝）　9月24日（日）
入試相談室あり

個別相談会 要予約
12月 2日（土）
12月 9日（土）
両日とも
14:00～17:00

※日程は変更の可能性があります

SCHOOL DATA

所在地 東京都文京区白山2-36-5
アクセス 都営三田線「白山駅」徒歩6分、地下鉄南北線「本駒込駅」徒歩10分、地下鉄丸ノ内線「茗荷谷駅」徒歩17分、地下鉄千代田線「千駄木駅」徒歩19分
TEL 03-3816-6211
URL https://www.toyo.ac.jp/toyodaikeihoku/hs/

※自ら考え出した発明を応募するコンテスト

中学生の未来のために！
大学入試ここがポイント

進学のための高校選択では「大学までを見通して高校を選ぶ」ことが大切です。その観点から、このコーナーでは大学に関する情報をお届けしています。

全国で新設が進んで注目のデータサイエンス学部とは

まさに「新設ラッシュ」といっていいでしょう。

各大学に対し理工系学部新設や改組を促している国の施策を受け、このところ最も多く創られ、人気を集めているのが「データサイエンス学部」です（8月号、このコーナー参照）。

そもそもデータサイエンスとは、どんな学問なのでしょう。

2017年、国内で最初にデータサイエンス学部を創設した滋賀大学は、データサイエンスについて、次のように説明しています。

「データサイエンスとは、社会にあふれているデータから《価値》を引き出す学問です。ICT（情報通信技術）の進化した現代では、あらゆるビジネスや医療、教育、行政等においても、高度なデータ処理能力、データ分析力が必要となっています。データから有益な《価値》を引き出すためには、これらの能力に加え、様々な分析経験を積むことが求められています」と解説し、データサイエンスが活用された具体例もあげています。

集め蓄積したデータを分析価値のある情報を引き出す

例えば、かつて世界で大流行した致死率の高い伝染病、コレラの原因がわからなかった19世紀、英国の外科医ジョン・スノウは、井戸と発症率のデータに相関があることを見出し、水による経口感染症であることに気づきました。

つまり、病理学の発展を待たなくてもデータを積み重ねることで、伝染病に対する正しい対処ができた、というのです。

ICTが発達した現代では、データを集め分析する能力は当時の何千倍にも相当するでしょう。いまや人間では把握することが困難な大量のデータも、関連技術の進化によって、ビッグデータとして、把握し利用することができるようにもなっています。

これらを扱い、専門的人材を育成しようとするデータサイエンス学部は、データの分析についての学問分野であり、統計学や数学、計算機科学※などを駆使して、おもに大量のデータからなんらかの意味のある情報や関連性を導き出す学問となります。

この学部の入試科目には、理系科目が並ぶことが多いのは当然ですが、このほか、基本的に英語も入試科目として用いられます。データサイエンス学部に進めば、大学での研究や論文作成には英語が欠かせないからです。

※コンピューターについての理論、設計、応用などを研究する学問。コンピューター科学、コンピューターサイエンスともいう。

東大入試突破への現代文の習慣

東大入試を突破するためには特別な学習が必要？　そんなことはありません。身近な言葉を正しく理解し、その言葉をきっかけに考えを深めていくことが大切です。田中先生が、少しオトナの四字熟語・言い回しをわかりやすく解説します。

早稲田アカデミー教務企画顧問
田中としかね

東京大学文学部卒業
東京大学大学院人文科学研究科修士課程修了
専攻：教育社会学
著書に『中学入試 日本の歴史』『東大脳さんすうドリル』など多数。文京区議会議員。第48代文京区議会議長、特別区議会議長会会長を歴任。

田中先生の「今月のひと言」

「自由」を謳歌するためにこそ、身につけるべきは「教養」なのです

今月のオトナの四字熟語

傍若無人

有名な四字熟語ですので既にこの連載で取り上げたと思っていたのですが、「まだ解説していない」ことがわかりまして、今回の登場となりました。「ぼうじゃくぶじん」と読みますよ。まずは、一般的な「四字熟語の構成」とはタイプが異なることを確認してみましょう。四字熟語の「構成」＝「成り立ち」には「型」があります。多くのパターンは「二字熟語」＋「二字熟語」によって構成されています。例えば、「悪戦苦闘」や「厚顔無恥」などは「悪戦」＋「苦闘」（どちらも「苦しい戦い」という意味の熟語）、「厚顔」＋「無恥」（どちらも「あつかましい・ずうずうしい」という意味の熟語）といった「同じ意味になる熟語」の組み合わせです。また、「有名無実」や「針小棒大」などは「有名」（名前が知られていること）＋「無実」（中身がないこと）、「針小」（小さな針のように「ちょっとしたこと」）＋「棒大」（大きな棒のように「おおげさなこと」）といった「反対の意味になる熟語」の組み合わせです。他にも、「本末転倒」や「我田引水」のように、「本末」（重要なことと瑣末なこと）が「転倒」（ひっくりかえる）すること、「我田」（自分の田んぼ）に「引水」（水を引く）すること、のように「主語・述語」「修飾語・被修飾語」の関係になっている場合もありますよ。そして、もう一つのパターンとして「一文字ずつ対

等」に構成されているものがあります。例を挙げるなら「春夏秋冬」や「喜怒哀楽」になりますね。

　では、「傍若無人」はどのパターンに当てはまるのでしょうか？　実は、どれにも該当しません。「傍若無人」は、漢字四文字で構成される「文章」、「漢文」なのです。日本語への「書き下し文」（日本語文法の語順に並べ替えた文）にしてみると、よくわかります。「傍《かたわ》らに人無き若《ごと》し」となります。「人前をはばからず勝手気ままな言動をすること」という意味です。中国の歴史書『史記』に記されたエピソードに関する言葉なのです。こうした「昔の出来事が元になってできた言葉」を「故事成語」といいますよね。「塞翁が馬」や「五十歩百歩」などが例として挙げられます。「傍若無人」はこの「故事成語」でありながら「四字熟語」にもなっているケースなのです。他にも「四面楚歌」「温故知新」などがありますよ。

　『史記』に登場する「傍若無人」のエピソードというのは、中国の戦国時代に燕《えん》の皇太子に頼まれて、秦の王（後の始皇帝）の暗殺を謀《はか》った荊軻《けいか》という人物にまつわるものです。友人の高漸離《こうぜんり》とともに毎日お酒を飲み、宴もたけなわになると街の中にくりだして、歩きながら高漸離は楽器を鳴らし、荊軻はそれに合わせて歌い、さんざん騒いだ挙句、抱き合って泣き出していた、といいます。その様子がまさに「傍らに人無きが若し」（そばに人がだれもいないかのように、わがまま勝手に振る舞う）だったのですね。教室のなかで男子たちがふざけあって騒いで盛り上がっているのを、女子たちが白い目をして、あきれて見ているという風景に置き換えると、身近なエピソードのように思えます。

　ところで私は、「傍若無人」という言葉を聞くと、ある人物のエッセイを思い出すのです。昭和を代表する作詞家として日本の歌謡史に大きな足跡を残した、阿久悠さんの文章です。エッセイのタイトルは『普段着のファミリー』といいます。その中で阿久悠さんは、「他人の自由を奪う自由、これが（中略）、傍若無人の自由として蹂躙《じゅうりん》するのである」という苛烈な言葉で、「自由」の意味を履き違えている人たちを批判しています。「社会に対しての適応性、他人に対する最低限必要な緊張感や、時と場所を全く心得ない」人を、「教養」に欠ける者として糾弾するのです。その例として「あらゆるときに普段着（部屋着、パジャマのようなもの）で通そうとするファミリー」を登場させています。確かに着ていて一番着心地がよいのはパジャマです。だからといって、寝るときだけではなく、人と会うのも、レストランで食事をするのもパジャマ姿で通してかまわない、ということはないでしょう。寝るときと、うちにいるときと、外出するときと、それぞれ別の装いをするのが人間の文化的な営みなのです。にもかかわらず「どこでも同じように通す」ことを「自由なスタイル」だと思いこむのは、本当の意味では何も考えていないに過ぎません。

　「傍若無人」は決して「自由」ではありません。「自由」を使いこなすには「教養」が必要である、というのが阿久悠さんの主張です。皆さんにとっては「昭和」という時代がかった、古くさい説教のように聞こえるかもしれませんが、大切な視点だと思います。場違いな振る舞いをすれば、品性を疑われかねないという怖さを知っているのがオトナという存在であったはずなのです。

「自由なスタイル」を楽しむためには、臨機応変に対応するセンスを身につける必要があります。このセンスは、持って生まれたものというよりも、日々の習慣によって確立されるものだといえるのです。そして、これこそがオトナの「教養」なのです。「現代文の習慣」の意味もそこにあるのですよ。

今月のオトナの言い回し

幽谷より出でて喬木へ遷《うつ》る

もう一つ、中国の古典からの故事成語を紹介しますね。『詩経《しきょう》』に登場する一節です。「幽谷《ゆうこく》」というのは「深い山の中の、暗い谷間」という意味になり、「喬木《きょうぼく》」というのは「高くそびえる大きな木々」という意味で、鶯《うぐいす》が暗い谷間から見晴らしのよい高い木の上に移ることを例えとして、「学問が進み、知識を得て、人格が高まる様子」を表しています。また「出世」をする例えとしても使われます。すなわち「学問に励み、立身出世をする」という意味がぴったりとくる言い回しなのです。

私がこの「故事成語」の意味を調べたきっかけは、夏目漱石の『こころ』という作品を高校生のときに読んで、出てきたフレーズの意味がわからなかったからです。『こころ』のメインキャラクターである「先生」と呼ばれる人物が、生活に困っている友人の「K」を自分の下宿先に同居させるのですが、新しい住まいの感想を「K」にたずねたところ「悪くない」というひと言のみだったのです。「先生」にしてみれば「悪くないどころではないだろう」という気持ちで、述べたのが次の一文です。

「私の家へ引き移った彼は、幽谷から喬木に移った趣があった位です。」

この「幽谷」と「喬木」というニュアンスがわからずに、辞書と字典を使って（まだインターネットは普及していませんでした）調べたのが、高校2年生の夏でした。

さて、皆さんに「文学史」の知識です。夏目漱石の作品を覚えましょう！『吾輩は猫である』や『坊ちゃん』は、小学生でも知っている（読んだことはなくても）作品ですが、「あと一つ」が言えるようになってほしいのです。かつて開成の入試問題では、「夏目漱石の作品を三つ答えなさい」というイジワル？がなされましたからね。せっかくですから「あと一つ」といわず、「あと六つ」覚えてもらいましょう！夏目漱石には前期三部作と後期三部作といわれる作品群があります。『我輩』や『坊ちゃん』は、これには含まれていないのです。『三四郎』『それから』『門』の前期三部作と、『彼岸過迄《ひがんすぎまで》』『行人《こうじん》』『こころ』の後期三部作になります。

「六つも大変です！」という生徒の皆さんへのおススメは『三四郎』と『こころ』の二つになります。どちらの小説も舞台は東大・本郷キャンパス周辺なのですよ。本郷キャンパスのなかには「三四郎池」がありますし（こちらは本当に小説の舞台です）、東大正門前近くには喫茶店「こころ」がありますからね（こちらはレトロ喫茶店です）。

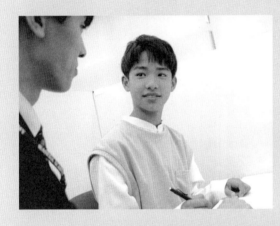

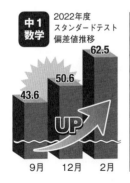

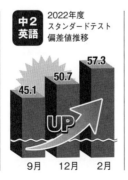

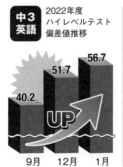

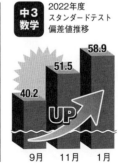

第一志望高校合格に向けて、一生懸命取り組んでいる各科目の勉強。
せっかく努力を重ねるなら、少し先のことも考えて、
大学受験にも生きる学力を身につけてほしい！
そこで、早稲田アカデミー大学受験部の先生方が、
未来に生きる学習の進め方を科目別にアドバイス。
今回は、澤田先生が数学の学習ポイントについて解説します。

大学受験のポイント、私が教えます!

早稲田アカデミー
大学受験部
国分寺校校長
澤田《さわだ》 卓也《たくや》先生

未来に生きる おすすめ 勉強法

1 高校での数学学習のスタートを意識しよう

例えば中学生で学ぶ「$y=ax^2$」の関数は、高1で「$y=ax^2+bx+c$」と発展した内容を扱いますので、この分野の完成度が高いほど高校数学にスムーズに移行できるはずです。また、「場合の数」「確率」は大学受験において苦手意識を持ちやすい単元ですが、高校受験に向けて学習していることをほぼそのまま利用できます。どちらもしっかり定着させておきましょう。

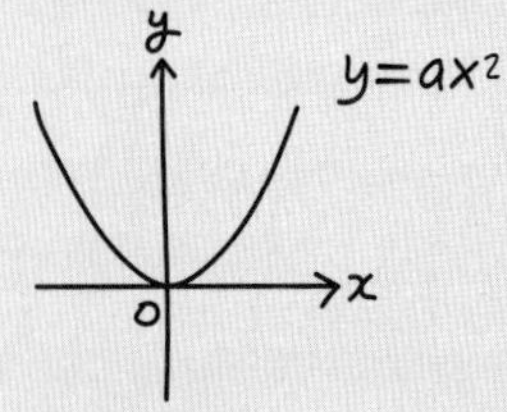

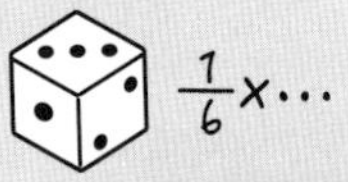

2 「なぜ」を意識して学習しよう

推論する力、つまり「思考力」が求められる大学入試では、ただ公式を丸暗記していても得点できません。今のうちから「定理や公式の証明（なぜその公式が成り立つのか）」を意識して学習するとよいでしょう。また、問題演習の後には正解・不正解だけでなく、自分が導き出した解答の「根拠」が模範解答と一致しているか（一致しない場合は何が間違っているのか）
を確認するようにしましょう。

3 数学が得意な人は……

数学が得意な人におすすめの学習法は、「友達に教えてあげること」です。周囲の数学が苦手な友達が困っていたら、「チャンス！」と考えて、ぜひ快く質問を受けてあげましょう。わからない人がわかるように説明できれば、しっかり理解できている証拠です。また、自分の得意な数学を受験や将来の進路にどのように生かせるか、中学生のうちからいろいろと調べておくと、選択肢が増えていきますよ。

4 数学が苦手な人は……

まずは、「数学の何が苦手（キライ）なのか」を洗い出してみましょう。「計算が合わない！」「公式が覚えられない！」など、理由は一人ひとり違うはず。自分は何が苦手なのかをはっきりさせれば、数学の先生と相談しながら優先度を付けて解決していくことができるはずです。数学に限らず、問題が解けるとうれしいもの。「解けるようになりやすいもの」から取り組んで、少しでも楽しみを増やしながら数学と向き合っていきましょう！

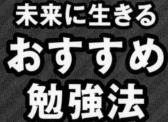

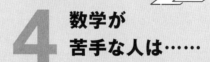

\\ 頑張れ高校受験生！ //

今の努力を未来に生かそう

―大学受験を見据えた学習の進め方― 数学

\ 澤田先生が教える /

数学の学習 ココがポイント Point!!

大学受験のライバルは カリキュラム学習を先に進めている！

高校数学のスタートをスムーズに切れるよう、準備を進めよう。

高校数学　学習のポイント①

中高一貫校生・既卒生とどう戦う!?

大学受験のライバルは、「高校数学の大半を中学の間に終わらせている中高一貫生」「1 年以上多く勉強している既卒生」たち。難関大学現役合格を目指すのであれば、高校での数学の学習をスムーズにスタートさせ、「単元学習を早期に完了させる」ことが必要です。

高校数学　学習のポイント②

「計算力」だけでは太刀打ちできない！

中学数学と高校数学では、学ぶ単元の数自体はさほど変わりません。しかし、中学数学では「計算」と「推論（いわゆる証明問題など）」の比率が 5:5 程度であるのに対し、高校数学では 3：7 程度に。与えられた条件から「考えて答えを導く力」がますます重要になるのです。

大学入試の特徴 数学編

1

本質的な理解、知識の活用が求められる大学入学共通テスト

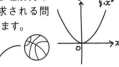

「バスケットボールのシュートの軌道を二次関数で考える」「ソメイヨシノの開花予測を積分で行う」など、**日常生活に即した問題**が特徴的です。「学習したことをどう運用するか」が問われます。また、定理の証明や別解の考察など、計算処理ではない**本質的な理解力や読解力**が要求される問題も増えています。

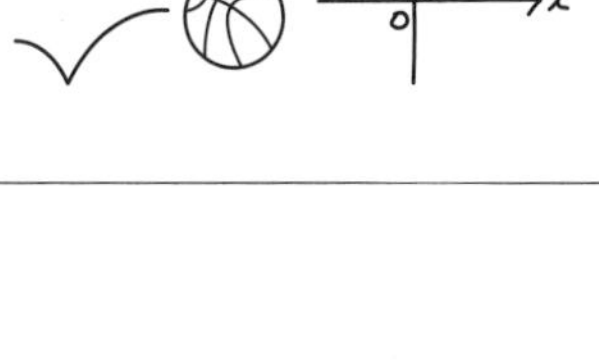

2

国公立大学入試では「記述力」が重要

国公立大学の入試はほとんどが「記述問題」のため、論理的に解答を導くことはもちろん、その解答を採点者に伝わるように表現する「記述力」が求められます。日ごろから「**正しく説明できているか**」を意識しながら解答をつくること、そしてその答案を**添削してもらう**ことが不可欠です。

3

私立大学入試で求められるのは「精度」と「スピード」

私立大学の入試はマーク形式や空所補充問題、答えのみが求められる客観形式の問題が多く出題されます。難関大学では計算量も多く、**高い精度とスピード**が要求されます。また、問われやすい単元や難度・問題量などは大学・学部ごとに異なりますので、受験直前期にはその**傾向に合わせた対策**が必要です。

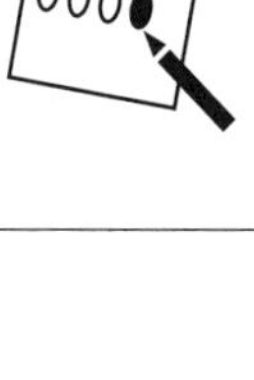

早稲田アカデミー 大学受験部

東大生リトのとリトめのない話

記憶のメカニズムから探る効果的な暗記方法とは!?

　こんにちは、リトです。みなさん、夏休みはどうでしたか？　ぼくは水泳部の活動や院試（大学院へ入学するための試験）の準備で大変でした。院試はというと、ＴＯＥＦＬを受けて、志望理由書と研究計画書を準備し、２週間で指定された論文を読んでレポートにまとめ、さらに研究計画と指定された論文について口頭で答える面接がありました。他学科では数学の試験が行われるなど大学入試に近い試験形態が多いのですが、ぼくの学科は特殊で、レポートと口頭試問がメインでした。

　指定された論文については、論文内容だけに限らず関連する周辺分野の研究なども調べ、暗記したうえで試験に臨みました。こうした勉強は高校受験の勉強方法とは異なりますが、「暗記する」という部分に関しては同じだと思います。今回は、ぼくが実践している暗記方法についてお話しします。

「覚える」とはなにか　記憶の仕組みを知ろう

　そもそも「覚える」とはどういうことなのでしょうか。心理学では、記憶の過程は記銘、保持、想起というプロセスをたどると考えられています。記銘は情報を覚えること、保持はその情報を覚えておくこと、想起はその情報を思い出すことです。

　また、記憶には感覚記憶、短期記憶、長期記憶があります。感覚記憶は視覚や聴覚などの感覚情報を数秒ほど保持する記憶のこと。短期記憶は情報を一時的（数秒から数分間）に保持する記憶で、記憶できる容量も限られます。

　長期記憶は情報をずっと保持する記憶です。容量は無制限で、情報は様々な形で蓄えられます。一夜漬けの記憶を短期記憶と勘違いする人もいますが、正しくは長期記憶で、単にそれをすぐ

リトのプロフィール

東大文科三類から工学部システム創成学科Cコースに進学（いわゆる理転）をする東大男子。プログラミングに加え、アニメ鑑賞と温泉が趣味。

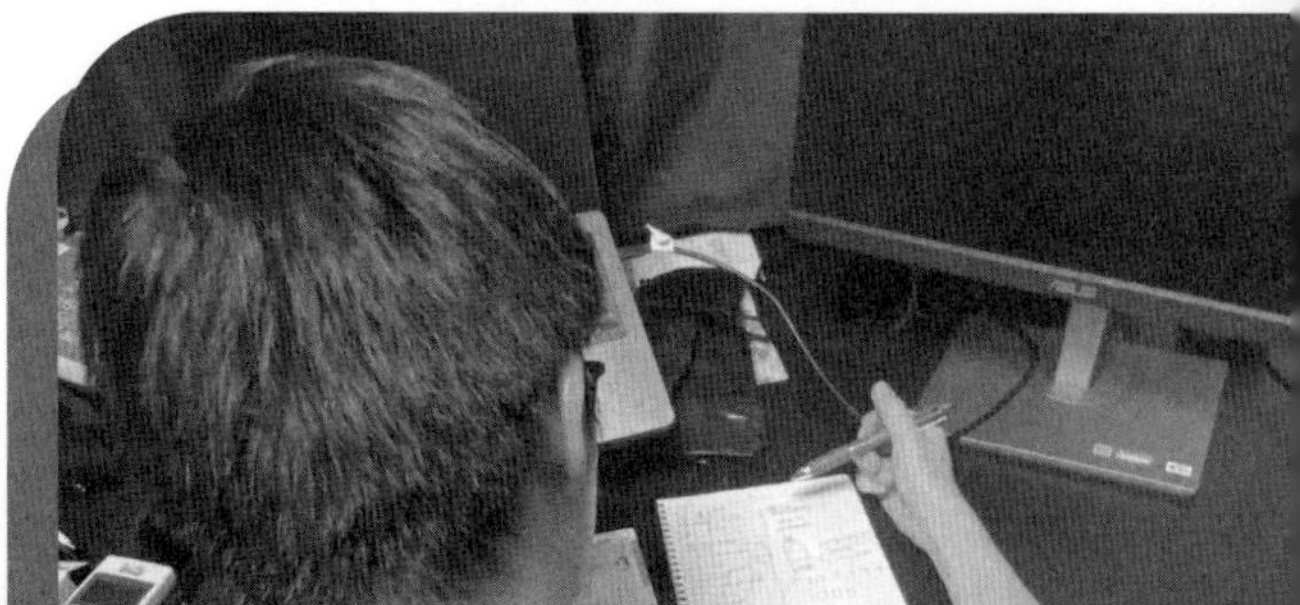

いま勉強している宅建（宅地建物取引士）のテキストの内容を思い出すリト。暗記は記憶を再生できるかがポイントです！

に忘却しているだけなのです。

長期記憶は様々な形で蓄えられると書きましたが、例えば、教科書の内容を覚えることと、スポーツの動きやダンスを覚えることは違っているような気がしませんか？　これはどちらも長期記憶ですが、前者を宣言的記憶、後者を非宣言的記憶といいます。

宣言的記憶はさらにエピソード記憶と意味記憶に分けられます。エピソード記憶とは「今日どこに行ってあれを食べた」といった、出来事や体験についての記憶です。意味記憶とは「ぼくがこの原稿を書いているのはパソコンであり、パソコンは機械」というような、言葉の意味や知識の記憶です。もう一方の非宣言的記憶は身体で技能を覚えるタイプの記憶で、ぼくのやっている水泳は非宣言的記憶の部類です。

数学は手を動かす！ リト式暗記術を紹介

記憶の仕組みを知ったところで、いよいよ暗記の話です。長期記憶には様々な形があるので、暗記する内容がどれにあたるのかを考えてみましょう。例えば、社会と数学を比べると、社会は宣言的記憶の分野ですが、数学は非宣言的記憶の部分も多いのではないかと思います。

ぼくは数学が全然できなかったのですが、その理由は、非宣言的記憶が不十分だったからでした。解き方を覚えるだけでなく、紙に公式の導出を思い出しながら書くなど、実際に手を動かして問題を解きながら非宣言的記憶として覚えるようにしたところ、数学がどんどん得意になりました。このように、暗記は頭だけでなく手を使って覚えることも重要なので、運動のようにして、記憶する方法もいいと思います。

一方で、社会の歴史分野は宣言的記憶のエピソード記憶、政治・経済分野などは意味記憶の要素が強いので、それもまた覚え方が違ってきます。

宣言的記憶では、情報を視覚的にイメージ化して覚えたり、語呂合わせで覚えたり、ほかの情報と関連づけて覚えたりすると暗記しやすいと思います。これを記憶の精緻化といいますが、精緻化にも様々な方法がありますので、興味がある方は調べてみてください。

記憶した情報を思い出す想起も重要です。想起にも種類があり、暗記で意識してほしいのは、そのうちの再認と再生です。簡単にいうと、再認は「見れば思い出せる」ことで、再生は「なにも見ずに思い出せる」ことです。

「教科書を何度も読んだのに試験では思い出せない」という場合は、記憶の再認はできているが、再生はできない状態なのだと思います。ある情報を知っていることと、自発的に思い出せることは記憶の想起の状態が違うということです。テストで必要なのは記憶の再生ですので、暗記の際は再生できるまで覚えるようにしましょう。教科書などはなにも見ずに、覚えた内容を思い出せるようにしてください。ぼくはお風呂などでその日勉強したことを思い出すようにしています。

いかがでしたか？　このように暗記は意外と奥深いものです。暗記が苦手な方や数学が苦手な方は、ぜひ今回の内容を参考にしてみてください!!

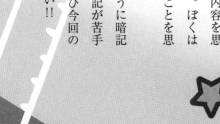

キャンパスデイズ

十人十色

中央大学

国際経営学部国際経営学科
1年生

前田《まえだ》　愛和《のわ》さん

好きな英語を使って学び 国際交流で多様な価値観を感じる

絶好の環境のもと 将来の目標に突き進む

Q 中央大学国際経営学部国際経営学科を志望した理由を教えてください。

高校卒業後、一度は美容系の専門学校に進みましたが、中学生のころから英語が好きで、もっと勉強したいという思いが強くなり半年で退学。海外の大学への進学も視野に入れていましたが、金銭的に難しいこともあり、国内の大学を探していたところ、中央大学の国際経営学部を知りました。講義は基本的に英語ですし、色々な国の人が留学に来ているので、英語を学べる絶好の環境と感じたのが決め手の1つです。いまはアジア系の留学生が多いのですが、9月からはヨーロッパやアメリカなどの留学生も来るので楽しみです。

Q 大学ではおもにどのようなことを学んでいますか。

まだ1年生なので経済学、経営学の入門的な内容の講義が多いです。これからミクロ経済（個人、個別の企業に注目する経済の見方）、マクロ経済（政府、企業、家計を総体としてとらえる経済の見方）など、専門性の高い講義が増えてくると思います。

講義は基本的に英語で行われますが、同じ内容の日本語の講義もあります。

英語の講義はディスカッションをしたり、エッセイを書いたりします。入学してすぐにTOEICを受けて、点数によって英語の講義数が変わります。基本的に5コマですが、点数が高い人は2コマになり、空いた時間には簿記論などの選択講義を入れたり、アルバイトをしたりと自由に使っています。留学生は日本語の講義を選択していました。

Q そのなかで印象に残っている講

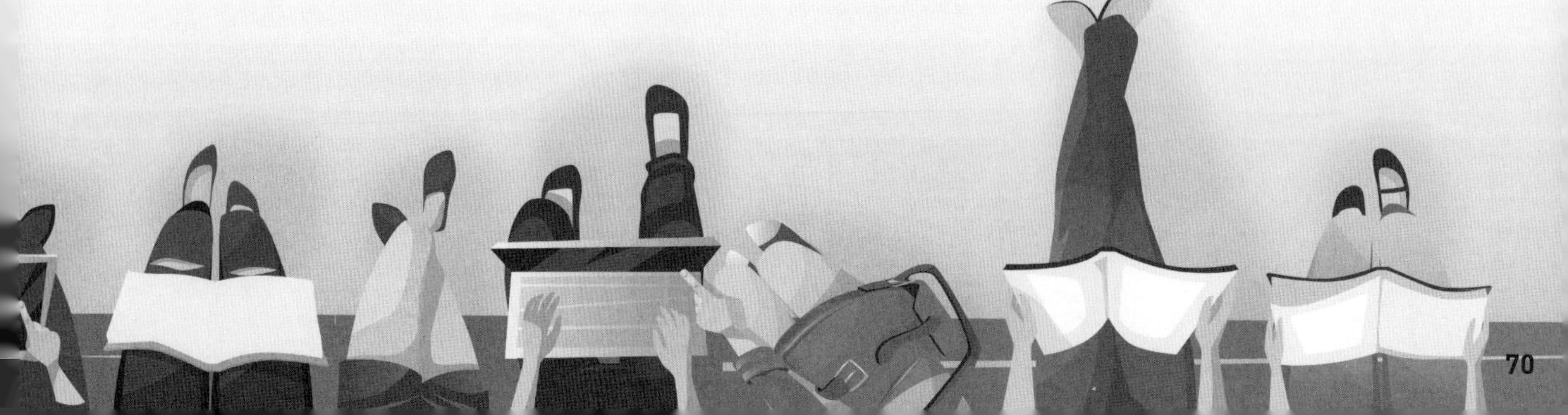

義はありますか。

入門演習という、ゼミのような講義です。英語を使って色々なことをプレゼンテーションしたり、教授の知り合いの行政書士の方が来て自身のキャリアについて話してくれたりしました。私の思い描いているキャリアプランと似ていたので、すごく参考になりました。ほかにも銀行員など社会人の方をゲストスピーカーとして迎える講義もあり、そうした方から生の声を聞けるのはとても貴重で、興味深かったです。

Q 留学をする予定はありますか。

今年は行けませんでしたが、今後、留学に行きたいと考えています。

昨年度までは必修で、夏に3週間ほどアメリカなどに行っていたそうです。学校のプログラムとして用意されているので、現地で学んだことが単位として認定されます。

留学を希望する人は1学期に講義で留学の準備をして、夏休みに行きます。帰国後、レポートを提出して単位認定される、という流れです。

Q 将来の目標を教えてください。

人とかかわることが好きで、いまも塾講師のアルバイトをしています。グローバルな人材を輩出することをめざしている学部なので、世界に通用するような仕事をしていけたら、と思っています。

また、英語でのコミュニケーション力を上げるために友だちが主催している国際交流会に参加して、海外の人と積極的に交流しています。国によって価値観が日本と全然違うので、自分の常識がほかの国の常識ではないと感じる毎日です。

Q 最後に読者に向けてメッセージをお願いします。

最初にお話ししたように、私は専門学校に一度進んだため、ほかの人よりも受験勉強のスタートが遅かったです。ですが、切羽詰まっていたからこそ勉強により集中することができ、追い込まれると、なんでもできると実感しました。こんなに本気で頑張れたのは人生で初めてです。

受験勉強の方法としては、目標の大学に向けてなにが必要かと段階的に考えるといいかもしれないです。私も大学受験で英語の検定が使えるとわかり、「検定で何点以上取るために、これくらいの勉強時間が必要だ」と、近いゴールを設定して、それに向かって勉強できたことが合格につながったと思います。

また、受験期は孤独を感じることが多いかもしれないですが、それはほかの人も同じ。焦らず勉強に取り組んでほしいです。

勉強は努力の積み重ねで、取り組んできたことは裏切らないはずです。自分の目標に向かって努力を積み重ねていけば、きっと大丈夫です。

TOPICS

受験に使える検定を活用 長文読解力、語彙力が向上

大学受験は、英語と現代文の2科目で受けられたので、この2科目に集中して取り組みました。

私が本格的に受験勉強を始めたのは11月に入ってから。本番まで3カ月しかありませんでしたが、英語外部試験を利用できる入試だったため、まず1カ月ほどTOEFLの勉強に集中。長文の問題が多かったので、読解力、語彙力がつきました。

これで土台ができたので、約半年の遅れを取り戻すことができました。

現代文対策としては、過去問を解きっぱなしにするのではなく、解説まで読んで理解していました。また、移動中に息抜きのために読んでいた本も結果的に勉強につながったと思います。

SNSをやめるなど自分を律して大学受験に臨み、見事に合格を勝ち取ったといいます。

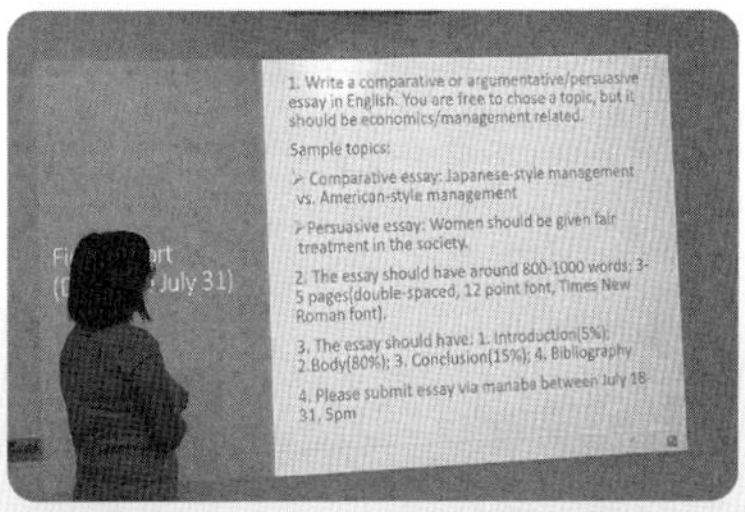

講義は基本的に英語で行われます。専門用語も英語のため、覚える単語が多いそうです。

一度は美容系の専門学校に進学しましたが、英語を学びたい気持ちが強くなり大学進学をめざしたとのことです。

高い基礎学力と母語の運用能力を身につけ、英語と第二外国語を用いて自らの思考を表現し、問題解決能力を養う

神田女学園《かんだじょがくえん》高等学校

女子校

神田女学園高等学校では、社会に出た際にアドバンテージとなる第二外国語の習得も可能なカリキュラムを編成しています。英語と第二外国語を習得することにより、多様な価値観に触れ、現代社会の諸問題を発見、解決していく力を養います。さらに、大学や社会とのかかわりのなかで、探究していく力も身につけられる革新的な女子校です。生徒たちは主体的な学校生活を送り、大きく成長していきます。

〒101-0064 東京都千代田区神田猿楽町2-3-6
tel.03-6383-3751 fax.03-3233-1890 https://www.kandajogakuen.ed.jp/

「水道橋駅」徒歩5分（JR総武線／都営三田線）「神保町駅」徒歩5分（地下鉄半蔵門線／都営三田線・新宿線）
「御茶ノ水駅」徒歩10分（JR中央線／地下鉄丸ノ内線）「新御茶ノ水駅」徒歩12分（地下鉄千代田線）
「九段下駅」徒歩12分（地下鉄東西線）「後楽園駅」徒歩12分（地下鉄丸ノ内線・南北線）

多様な価値観を深く理解する「多言語教育」

神田女学園高等学校（以下、神田女学園）では、多言語教育として母語＋英語＋第二外国語の3ヵ国語を学んでいます。「各言語の背景には多様な価値観があります。様々な言語を学習し、多種多様な人々の考え方の違いや個性を深く理解することで、すでにグローバル化している現代社会でよりよく生きる力を身につけることができるのです。しかし、様々な言語が話せるだけでは足りません。これからは色々な言語でコミュニケーションを取り、ディスカッションをし、自ら考えたことを伝える力が求められています。そのために必要なのは母語の運用能力です。神田女学園ではネイティブとバイリンガル教員が20名以上いるという教育環境のもと、言語運用能力とコミュニケーション能力、多様化に対する理解力を高めています」と語るのは学校長の芦澤康宏先生です。第二外国語は韓国語・中国語・フランス語・日本語（帰国生対象）の中から1言語を選びます。

芦澤康宏《あしざわやすひろ》 校長先生

生徒主体の行事で充実した学校生活を創り上げる

神田女学園では、周りとのコミュニケーションが取りやすい女子校という特性を活かして、生徒自らが学校生活に主体的にかかわり、意欲的に行動することができる環境を整えています。生徒会が中心となり、生徒にとって一番よい教育環境とはどのようなものかを、生徒自身が考え、創り上げていきます。生徒からの提案で、これまで学校生活の多くのことが改善されてきました。文化祭・体育祭・合唱祭をはじめとする様々な学校行事も、生徒の主導で企画・開催されています。このような環境により、一人ひとりが充実した学校生活を送ることができるのです。

探究学習を高大教育連携でさらに深める

神田女学園では9年前から「NCL Project（ニコルプロジェクト）」という探究学習が行われています。NCLはそれぞれ自然（Nature）・文化（Culture）・生命（Life）の頭文字で、社会のあらゆる課題のなかから自ら考えた疑問や今ある課題を見つけ、仮説をベースにグループや個人で調べ、成果物（レポートなど）を作成する協働探究型の学習スタイルです。生徒一人ひとりが探究テーマを設定するため、その学問分野は多岐にわたります。テーマは年度ごとに設定しますが、生徒によっては3年間同じテーマで探究を進めるため、成果物は非常に高いレベルのものになります。

このニコルプロジェクトに、高大教育連携協定を結んだおよそ60校の大学が協力をしています。大学でしか学ぶことができない知識や視点に触れる機会が多く設けられており、生徒は現代社会の諸問題を発見し、解決していく力を十分に養うことができるでしょう。

■学校説明会・公開行事

※要予約

9月23日(土) 9月24日(日)	9:00～	姫竹祭（文化祭）
10月 7日(土)	14:00～	教育内容説明会
10月21日(土)	14:00～	教育内容説明会
10月28日(土)	10:30～	授業見学会
11月 4日(土)	14:00～	教育内容説明会
11月18日(土)	10:30～	授業見学会
11月25日(土)	14:00～	教育内容説明会
12月 2日(土)	10:00～	個別相談会
12月16日(土)	14:00～	出題傾向解説会
12月23日(土)	10:00～	個別相談会
1月14日(日)	10:00～	出題傾向解説会

ちょっと得する

読むサプリメント

ここからは、勉強に疲れた脳に、ちょっとひと休みしてもらうサプリメントのページです。
ですから、勉強の合間にリラックスして読んでほしい。
このページの内容が頭の片隅に残っていれば、もしかすると時事問題や、
数学・理科の考え方のヒントになるかもしれません。

手軽に「複雑な折り紙」を自動で折る仕組みができた

折り紙を折ったことがない人はいないでしょう。折り紙は、外国人にも大変人気で、英語でもORIGAMIと呼ばれるぐらいだ。折り紙は日本の大事な文化の1つだね。

折り紙は折って楽しむだけでなく、工業用途にも多く使われている。簡単に開く地図に使われているミウラ折りは、1970年に東京大学宇宙航空研究所の三浦公亮博士（現東京大学名誉教授）が考案したもので、人工衛星の電力源となる太陽電池パネルの折りたたみ方法としても採用された。ミウラ折りで折りたたんだ太陽電池パネルを展開するときは、対角の2カ所を小さな力で引っ張れば、全面を開くことができる。太陽の光やイオンを受けて推力に変える、宇宙ヨットとも呼ばれた、実証機「イカロス」の帆を広げるのにも、折り紙技術が使われた。

身近な例では、飲みものの缶の周囲をデコボコにして、強度を増すのに折り紙技術が採用されている。自動販売機を滑り落ちるとき、缶同士がぶつかっても、デコボコの部分にあたればへこまないんだ。

基本的に折り紙は手で折るよね。折り鶴は紙を折っていくと最終的に鶴の形になる。子どものころから何回も折って、折り方を記憶してしまえば簡単に折れるようになるけれど、初めて見た外国人には、まるで魔法かマジックにも感じられるというよ。

どんな折り紙も作れるが折る作業が大変……

そんな折り紙だけど、いまではコンピューターを使って多面体を折るための研究が進み、理論上、あらゆる多面体を1枚の紙から折る設計手法が確立されている。ユニット折りといって、いくつかの折り紙を組みあわせて多面体を作る技術も開発されている。このように折り紙は、複雑な形を折るためのパターンを、計算によって設計する方法が、これまで深く研究されてきた。

ところが設計された複雑なパターンを「折る（製造する）」方法はあまり提案されてこなかったんだ。

結局は手で折っていく作業を経ないと完成させることはできなかった。でも、手ではそれほど細かいパターンを折ることはできないし、手で折るので数時間から数十時間を要することになり、工業用途に使えるレベルとはほど遠いものだった。

立体を作成するには3Dプリンターというものも実用化されているけれど、こちらも制作時間が大変長いのがネックとなってしまう。

こうして折り紙が社会のなかで用途を増してきたけれど、人の手を使わずに「自動で折る技術」が待たれ

マナビー先生

大学を卒業後、海外で研究者として働いていたが、和食が恋しくなり帰国。しかし科学に関する本を読んでいると食事をすることすら忘れてしまうという、自他ともに認める“科学オタク”。

ていたわけだ。

インクジェットプリンターと縮むシートで実現した夢

そしていま、東京大学大学院工学系研究科の鳴海紘也特任講師らの研究グループにより、インクジェットプリンターを使って複雑なパターンを印刷し自動的に折ることのできる技術が開発された。

鳴海先生たちは、インクジェットプリンターで、熱収縮性のシートに折りパターンを印刷することで、自動的に折る技術を開発したんだ。

熱収縮性のシートは熱を加えると縮む性質を持っているシートだ。お湯のなかなどに入れると縮む特性があるんだね。

一方、印刷インクは柔らかすぎると熱収縮の力に負けて全体がほぼ均一に縮み、折り紙にはならない。逆にインクが硬すぎると、折れるプロセスに耐えきれずインクが割れてしまう。インクの層構造にも着目して、試行錯誤の末に適切なインクとその層構造が発見された。

シート両面の折りたい部分（熱を加えて縮ませたい部分）以外の部分を印刷インクで覆うことで山折りと谷折りを自動的に短い時間で折り込めるようにした。

いままで研究されてきた折り紙を自動で折る方法に比べて１２００倍以上の精度で印刷され、10万本以上の折り目で折ることができるようになったというから、想像できないレベルだ。これまで、自動的に折ることができる折り線の数は、最大１００ぐらいしかなかったのだから。

手で折る作業時間もお湯につけるだけだから、数秒から数分という短時間で製品化することができるようになり、試験映像では、複雑な形状の製品がお湯に浸すだけで数秒で完成している。

つばのついた帽子のような複雑な形状のものも、あっという間にシートから立体になる【写真】。見ているだけでうっとりしてしまう。

これなら、これからもっともっと研究が進み、多くの用途に使われることが期待できるね。

インクジェットプリンターだから、色もつけられる。カラフルな製品も手軽に制作できる可能性がある。

手紙を受け取ってお湯に浸ければ形が変わって楽しめる仕組みなど、用途はどんどん広がりそうだ。

色々なアイデアで、折り紙の技術が、さらに広がるといいね。

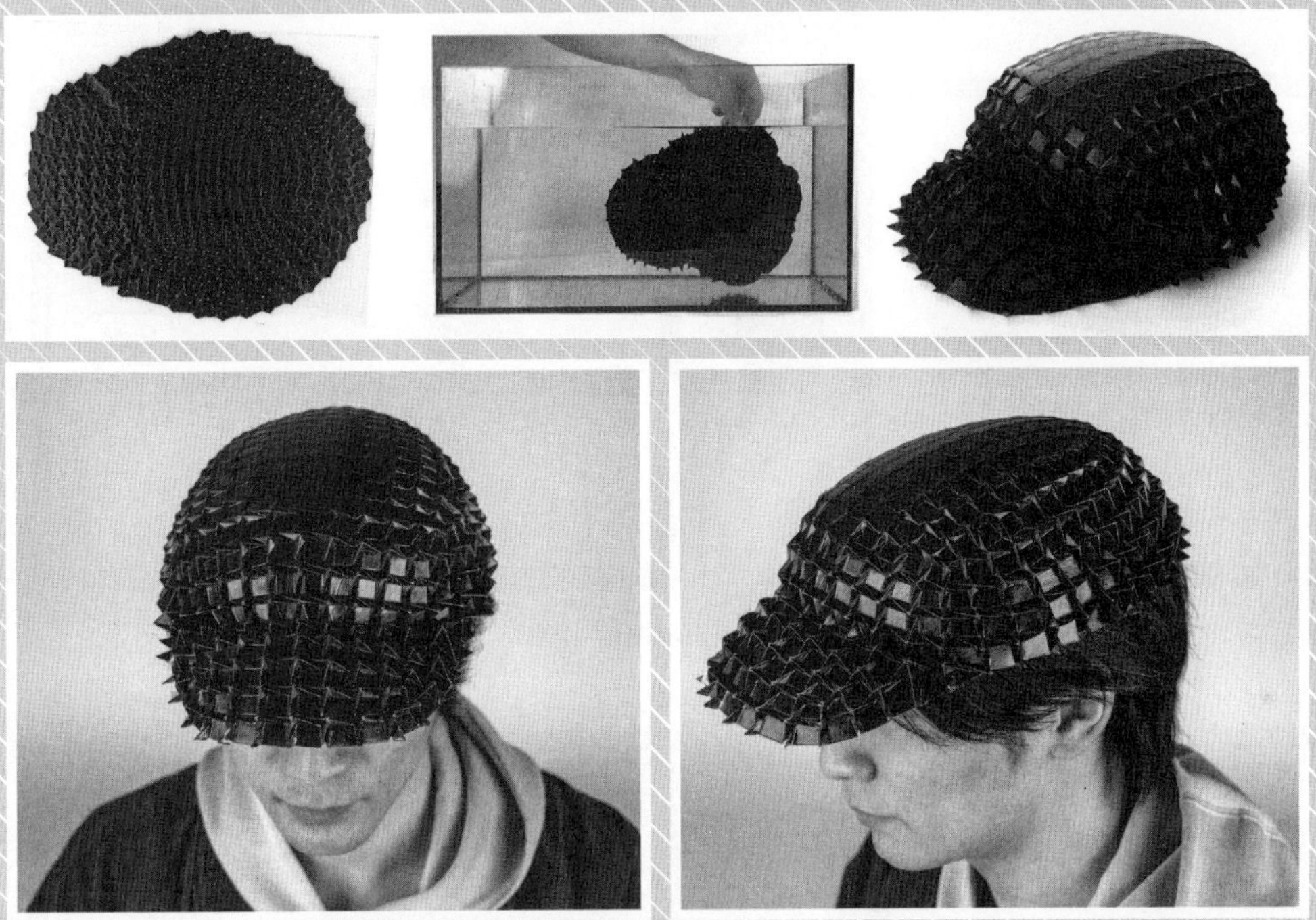

写真㊤左から。熱を加えると縮む性質を持つシートに、インクジェットプリンターで「山折り、谷折り」ができるようパターンを印刷、お湯に浸けることで、つばつきの帽子が完成する。インクで色をつければカラフルな帽子も作ることができそうだ。（©東京大学大学院工学系研究科）

【図9】計算部分拡大

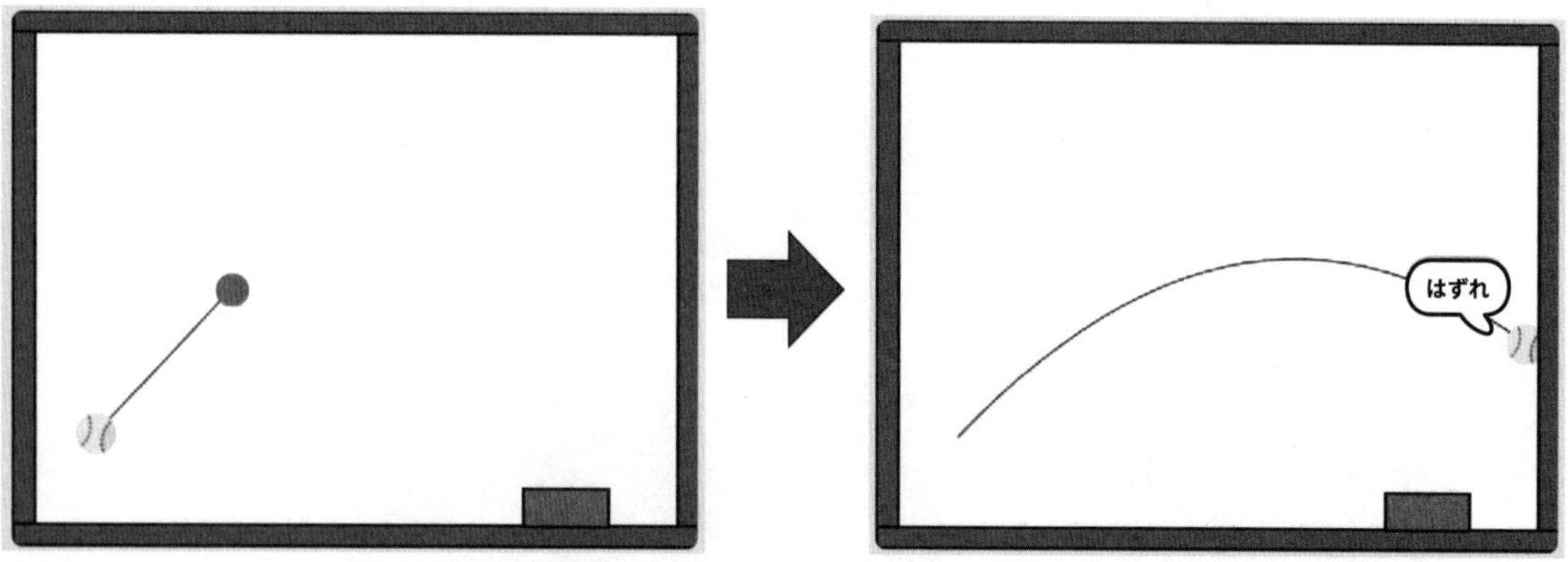

【図10】マウスクリックとボールの飛翔（外れ）

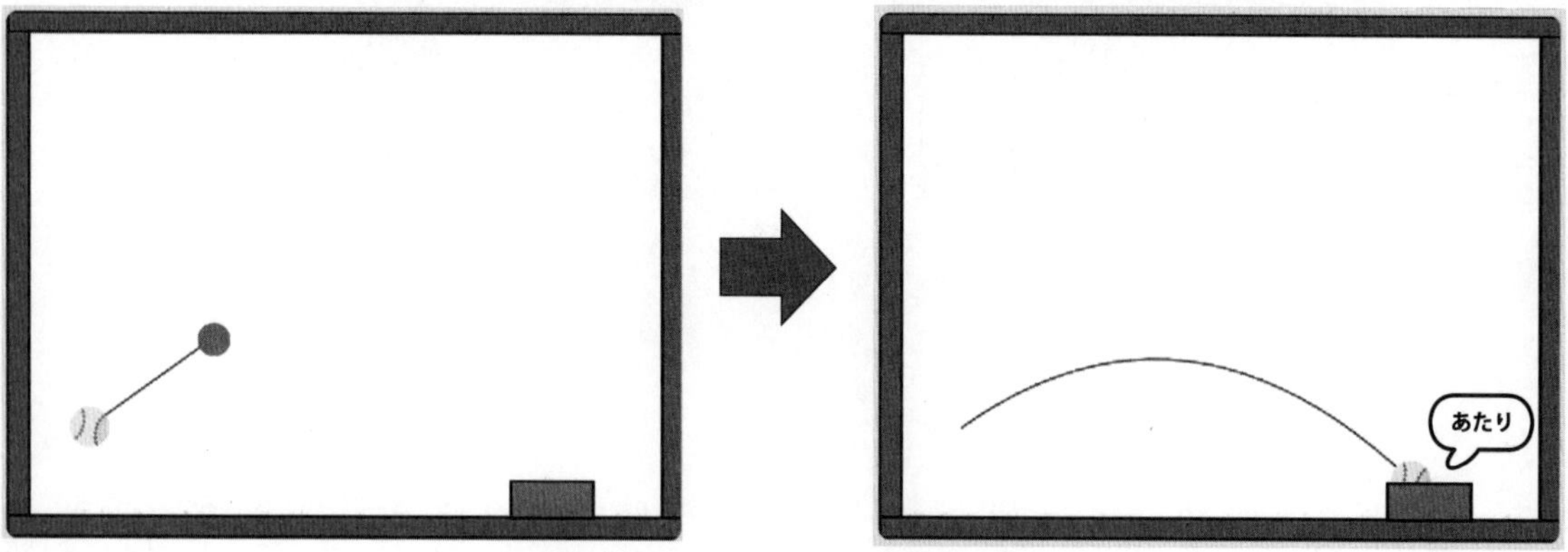

【図11】マウスクリックとボールの飛翔（当たり）

要になるね。

この部分は２人で考えてみてほしい。次回、簡単な参考プログラムを示すよ。

今回のプログラムは右のリンクで見ることができます。

https://scratch.mit.edu/projects/874765395/

ラム：やってみます。

ログ：まだまだわからない部分も多いですが、いつも先生が言われている「きっとこうだろう」と考えながら、色々と試してみようと思います。

（つづく）

このページは81ページから読んでください。

ラム：何度か試してみましたが、線とマークを残すプログラムは思ったように動いています。これで完成ですか？

ログ：実際に速度を計算する部分が必要ではないでしょうか？

速度の計算をプログラムしよう

らくらく先生：そうだね。速度の計算部分を追加してみようか。マウスをクリックした点とボールの中心から引いた直線に沿って、ボールは飛んでいくよね。この速度は、前にも説明したように、ボールの中心からマウスまでのX方向、Y方向の距離に比例しているんだ。

マウスをクリックしたときに速度を計算するように、Vx, Vyに計算式を代入しよう**【図7】**。この式をスプライトのプログラムに組み込んだものが**【図8】**だ。式の部分がわかりやすいように大きく書いておくね**【図9】**。

ログ：実際にプログラムを実行してみたらうまくいきました。ボールが的に外れたとき**【図10】**と当たりのとき**【図11】**に分けて、ボールがどのように飛んだかがわかるように、それぞれの画面を表示しておきます。

ラム：これまでと違ってゲームらしくなってきましたね。とてもおもしろいです。

らくらく先生：実際のゲームにするには、まずゲームを実行できる回数を決めて、その回数を超えたらゲームオーバーと表示したり、的に当たった場合は別のターゲットを示したりするなどの工夫が必

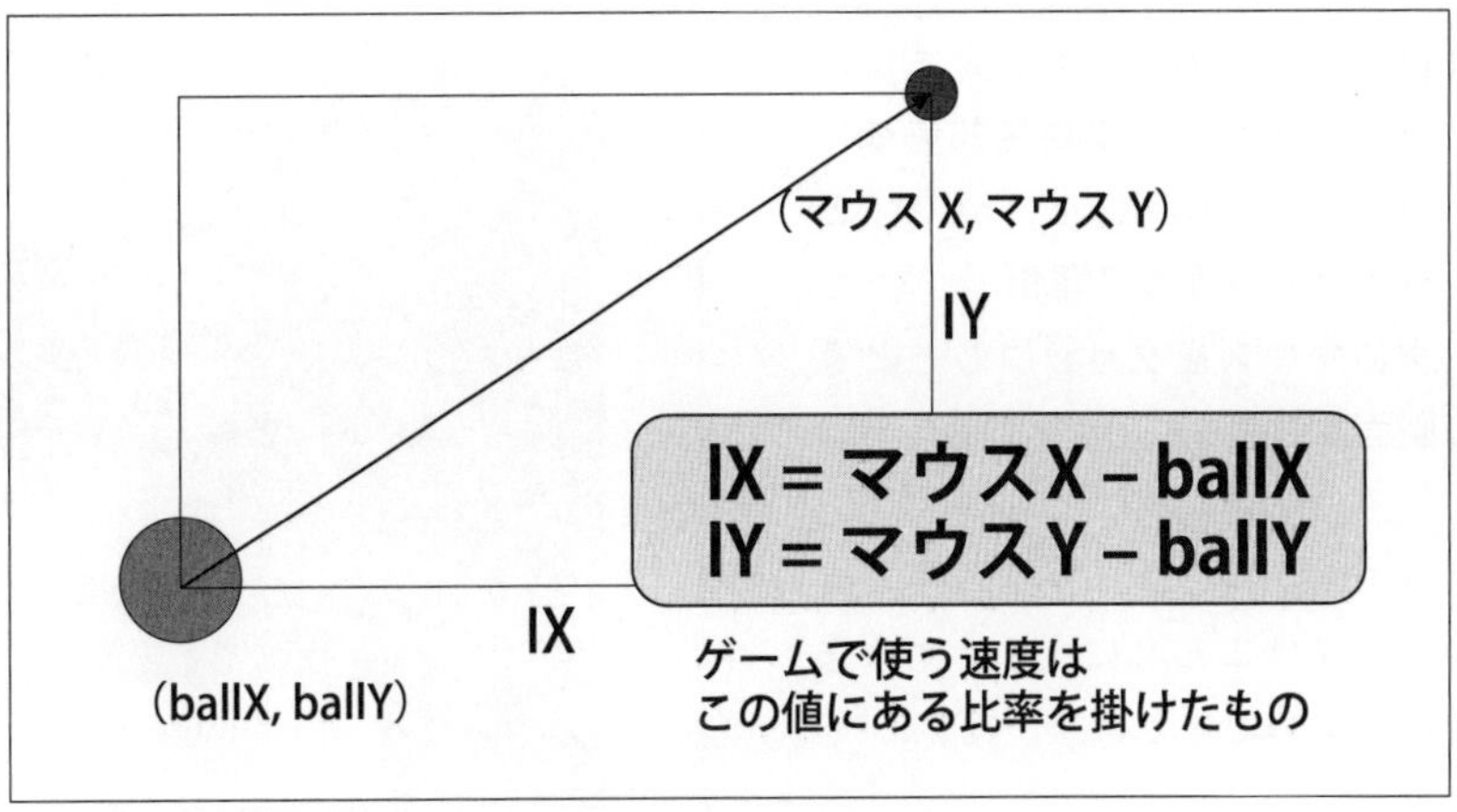

【図7】速度に影響する値

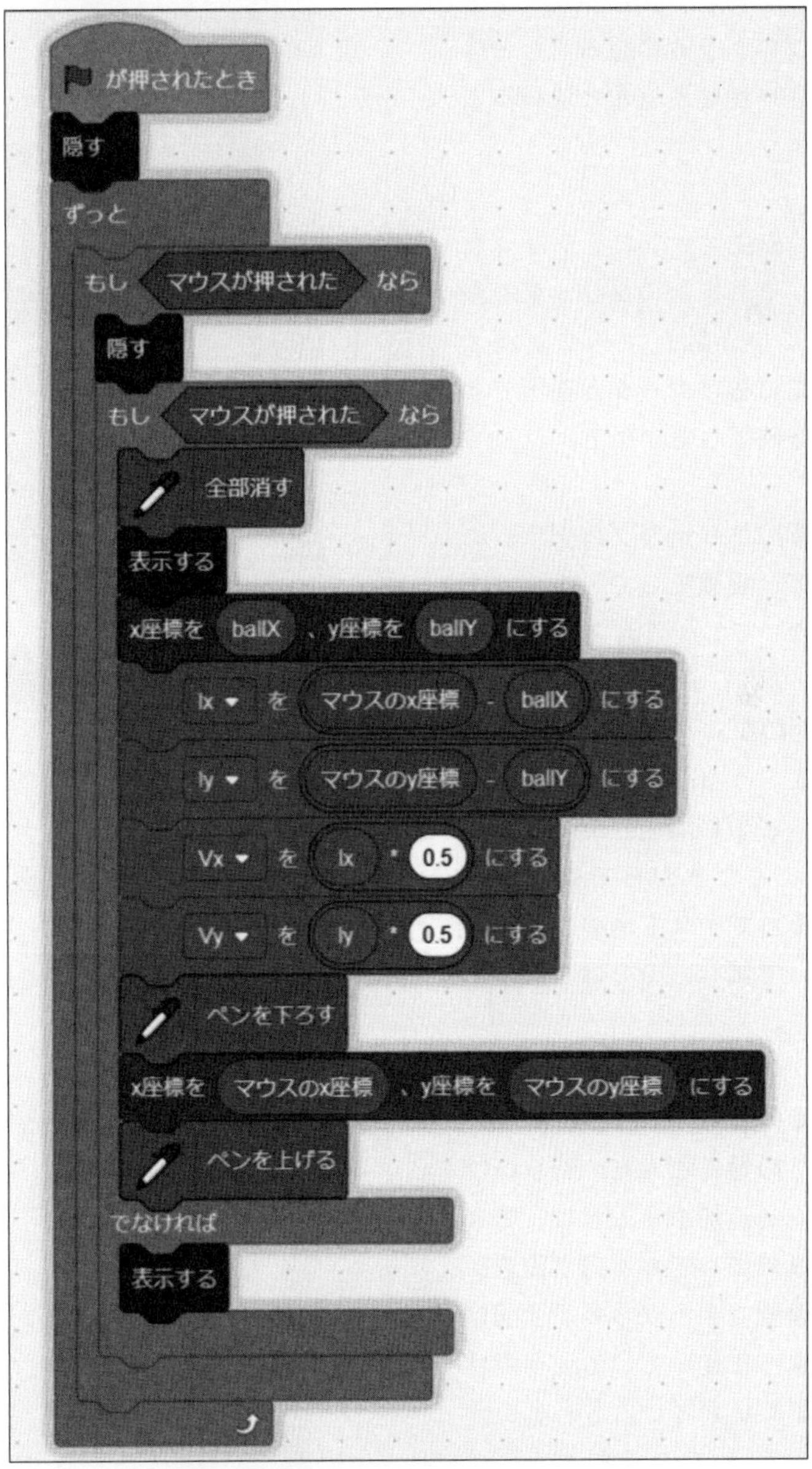

【図8】速度を計算する。実験で比率は0.5とした

接数値を書くのはかっこよくなかったね。わかりやすい名前をつけてみよう。「ballX」と「ballY」というのはどうかな**【図5】**。

次にマウスをクリックしたときの画面を**【図6】**に示しておくね。

ラム：マウスをクリックしたときのマークはこんなに大きくする必要はあるのですか？

ログ：テスト用だからあまり気にしなくていいのではないかな？

最終プログラムに組み込むときに大きさや色をちゃんと決めることにしよう。

らくらく先生：マウスをクリックすると、それまでのクリックで表示されていた線とマークが消えて、新たに線とマークが表示できることを確認したかな？

ラム：最初から元のプログラムに追加して、実験をしてもよかったのではないでしょうか？

ログ：元のプログラムに追加してしまうと、うまく動かなくなったときに、どこに問題があるのかがわからなくなるからではないかな？　それでテスト用のプログラムを作って試したのではないかと思います。

らくらく先生：ログさん、ありがとう。その通りなんだ。新しいプログラムを追加するときは、できるだけ単純にしておく方が間違いをすぐ確認できるからね。今回は思ったように動いているようだけど、うまくいかないときも多いからね。

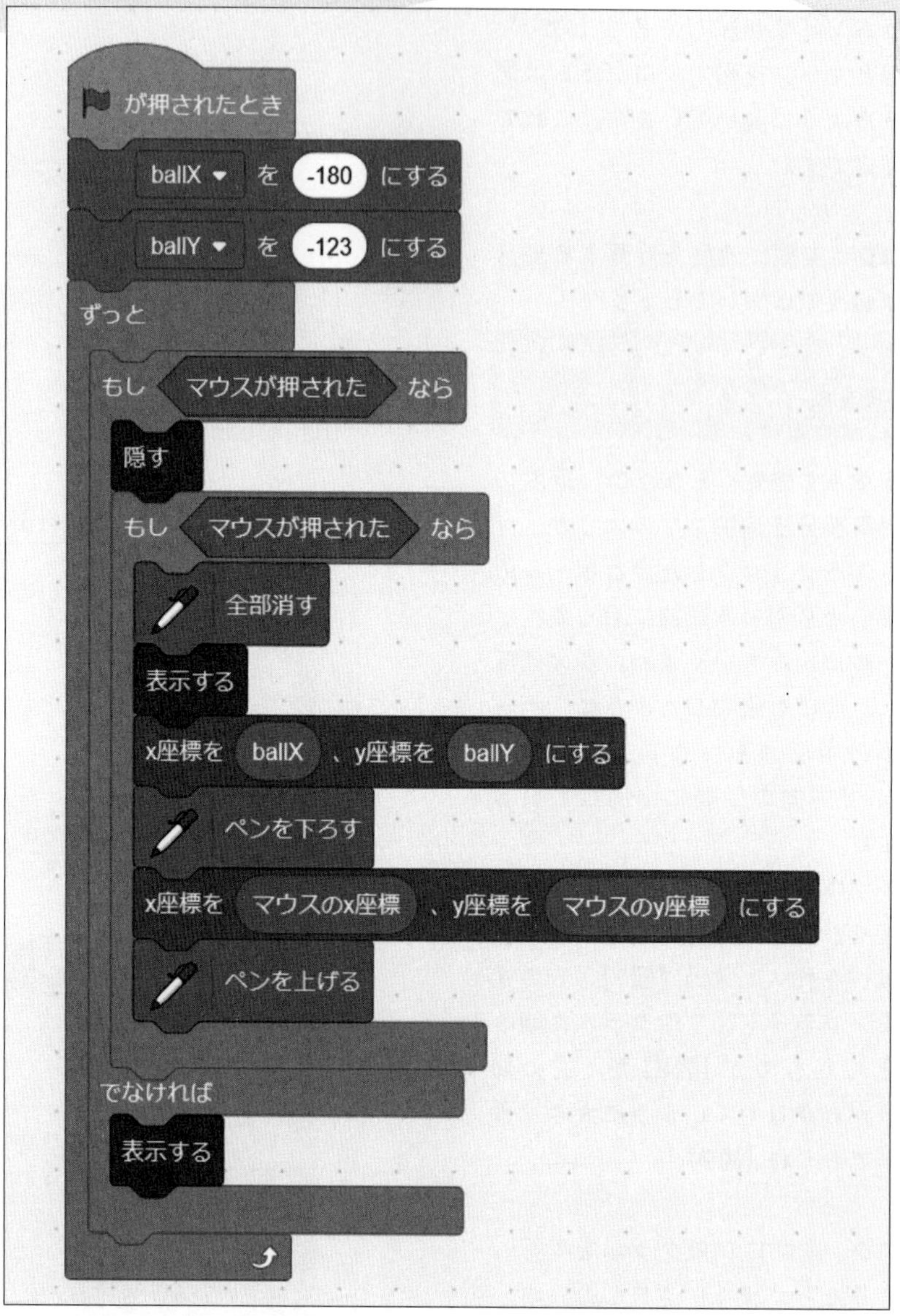

【図5】ボールの位置を変数名で示す

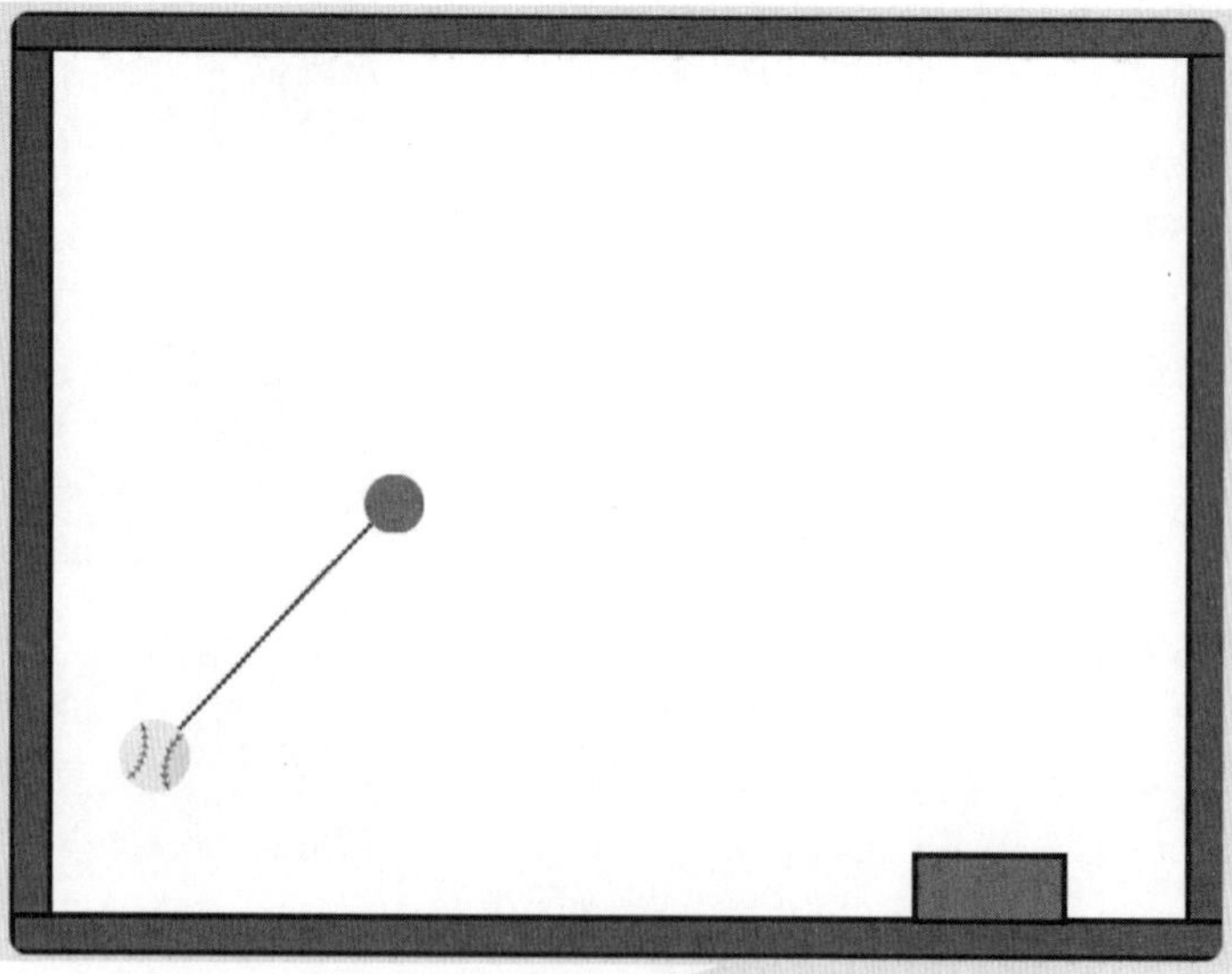

【図6】ボール中心からマウスクリック位置までの線を引く（完成時）

77 ページ本文につづく ➡

このページは81ページから読んでください。

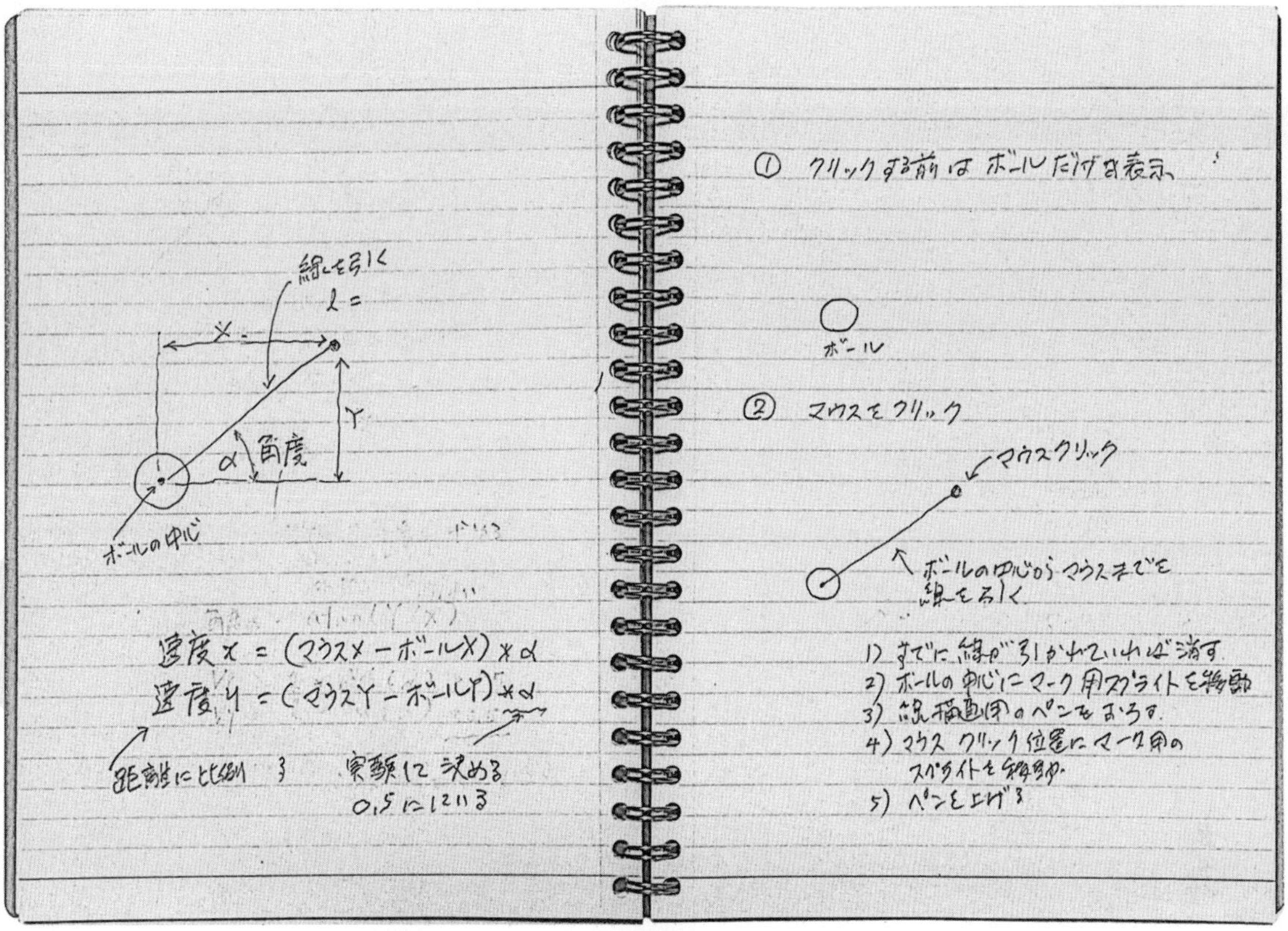

【図2】ボールとマウスクリック位置のアイデアスケッチ

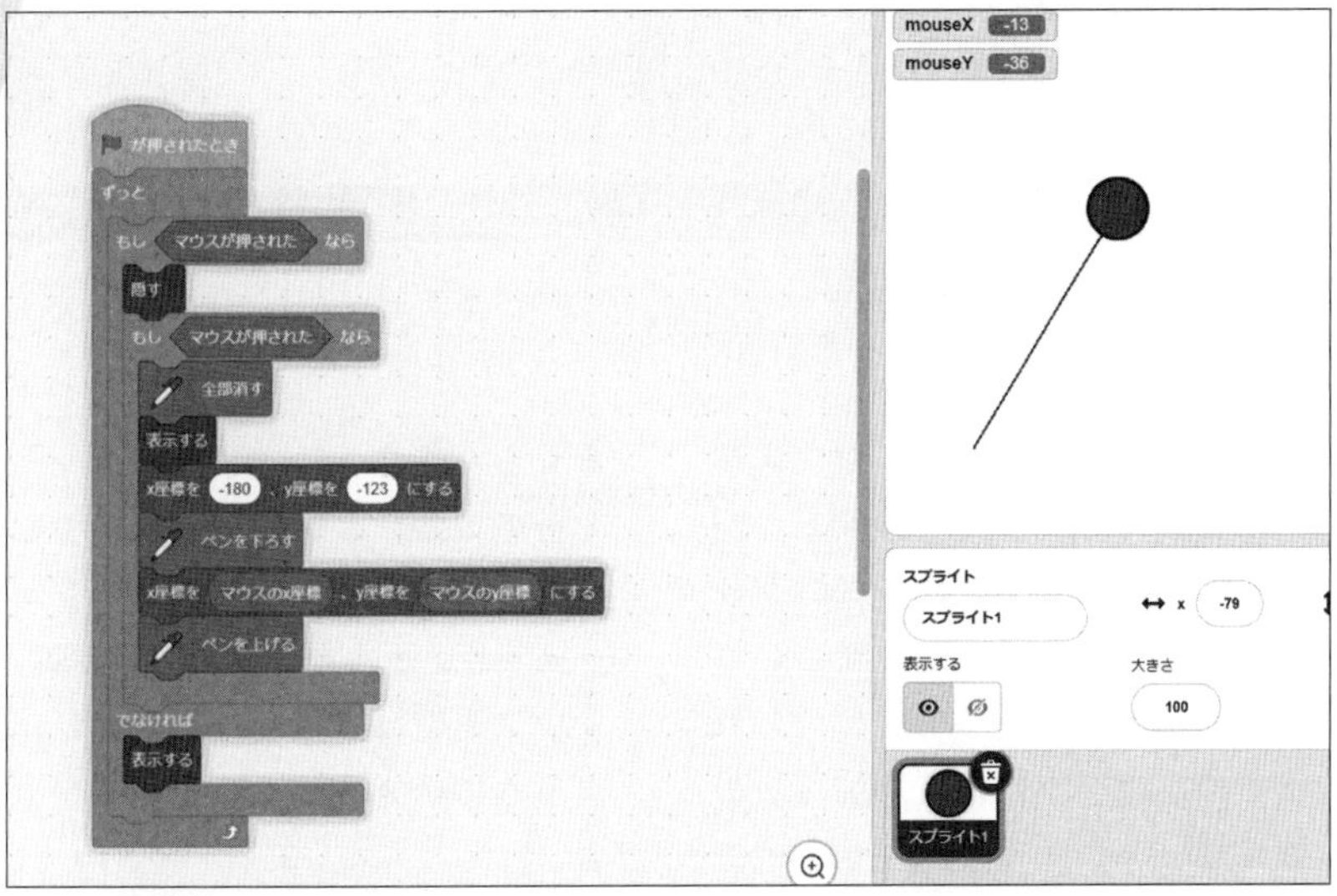

【図3】マウスをクリックしたときにマウスの点までボールからの線を引くテスト

【図4】テスト部分の拡大

ならないように、みんなと理解を共有しながら進めるといい。まずはプログラムのアイデアを書いておくよ【図2】。

ラム：ペンを使って線を引くだけでも大変ですね。

らくらく先生：まず試しに簡単なプログラムを作ってみたよ【図3】。思った通りに動くとは限らないから、いつも言っているように少しずつ進めていこう。

ログ：新しいスプライトを作り、そのスプライトの動作をプログラムしているのですね。【図3】のなかにある-180, -123はボールのある場所なんですね【図4】。

らくらく先生：そうだね。ただ直

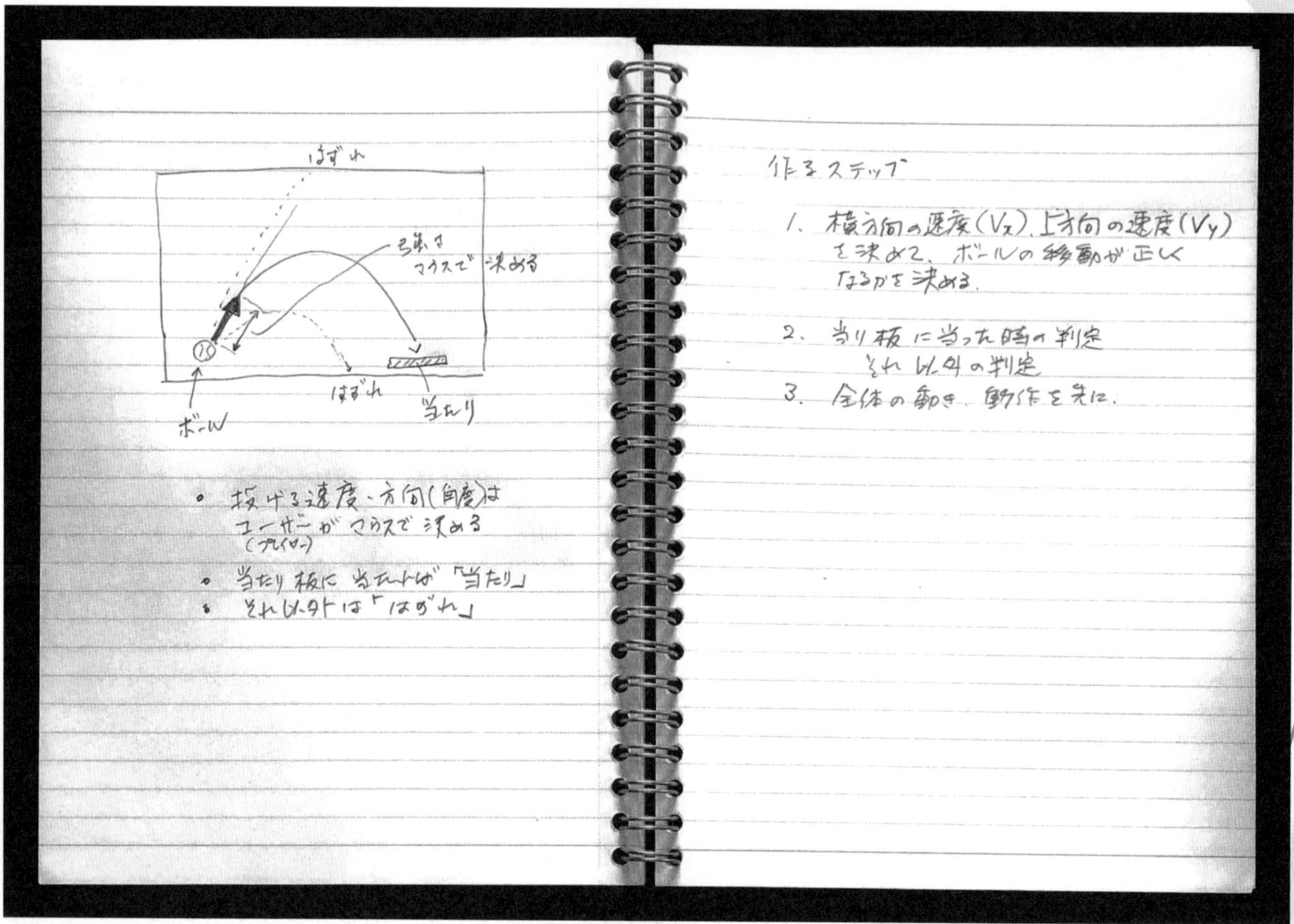

【図1】初期アイデアスケッチ

ぶように設定すればいいのですね。ボールを投げるタイミングはどう設定すればいいでしょうか。

ラム：それは、これまでと同じようにスペースキーを押したときにボールを投げるように設定すればいいのではないでしょうか？

テスト用のユーザーインターフェースを作る

らくらく先生：そうだね、じゃあラムさんの考えでプログラムを作ってみよう。ボールが飛ぶ方向と速さの目安になるよう、マウスをクリックしたときに、画面に「線」と「マーク」が残る形でプログラムしてみよう。それと、新しいプログラムを追加するときは、これまでのプログラムに直接加えるのではなく、まずは「ユーザーインターフェース」の部分がうまく機能するかどうかを確かめるためのテスト用のプログラムを作るといいんだ。

ログ：「ユーザーインターフェース」とはなんですか？

らくらく先生：ユーザー（プレーヤーのこと）とプログラムをつなぐ部分を「ユーザーインターフェース」というんだ。今回の場合は、マウスを使って角度と速度をプログラムに伝える部分のことをいうよ。

ログ：わかりました。それぞれの使い方と考えていいのですね。

らくらく先生：いいね。自分の理解しやすい言葉に置き換えて考えることは大事だね。独りよがりに

79 ページ本文につづく➡

for 中学生
らくらくプログラミング

プログラミングトレーナー あらき はじめ

第12回

プログラム作りは楽しいって、思えてきましたか。誌面のラムさん、ログくんも、その楽しさがわかってきたそうです。ラムさん、ログくんの疑問に、らくらく先生が答えながら、解説していきますので、みなさんも2人といっしょに楽しみましょう。

解説部分は下のQRコードからWebページに入れば、誌面とリンクした内容で、さらに学びを深めることができます。

URL : https://x.gd/RLaKi

（**あらき はじめ**　昨春まで大学でプログラミングを教えていた先生。「今度は子どもたちにプログラムの楽しさを伝えたい」と、まだまだ元気にこの講座を開設。）

画像：PIXTA

ボールを投げるプログラムを作ろう！

らくらく先生：今日も楽しくプログラムを作っていこう。前回、基本部分ができあがったので、今回はゲームらしく、プレーヤーがボールを投げる「角度」や「速度」を決めるプログラムを作ろう。

ログ：プレーヤーはどのようにしてボールを投げる角度と速度を決めるのですか？

ラム：このScratchを使ったプログラムの最初のアイデアスケッチでは、ユーザーがマウスを使って角度と速度を決めるように書いてありましたよね**【図1】**。

らくらく先生：そうだね。マウスの操作でボールが飛び出す角度と速度を決めようと思っているんだ。

ログ：角度はなんとなくわかるのですが、速度はどうやって決めるのですか？

らくらく先生：まずは速度を厳密に毎秒何メートルと決めるのではなく、画面上の任意の場所をマウスでクリックすることでボールからの距離を求めて、それが長いと速度が早く、短いと遅いと決めることにしよう。実際には前回や前々回のプログラムで固定した速度を参考にして、その値に近くなるように速さを決めようと思っているんだ。

ラム：なるほど。前回までに決めた値を参考にして、その近くの値になるようにすればいいのですね。

ログ：そうか。ボールの中心から、マウスをクリックした位置までの長さに対応した速度でボールが飛

Why? What!

なぜなに科学実験室

身の回りで起こった現象に、「あれっ、不思議！」「なんでこうなるの？」と首を傾げたことって、ありませんか？　そんなとき、ただ見過ごしてしまうのではなくて、ウチに帰って、自分で調べてみることって、とっても大事なんです。

身の回りに落ちている科学の種を拾い上げることが、科学者の第一歩を踏み出すことにつながりますからね。

この科学実験室は、みなさんの生活のなかで出会う不思議に焦点をあてて、「へぇ～」を体験していただくために開設されました。

今回は、人間の脳がだまされる「錯視の世界」の不思議を体験していただくことにしました。自分で作ってお友だちと楽しみましょう。

飛び出す大きなサイコロ

みなさん、こんにちワン！「なぜなに科学実験室」の案内役で、みなさんに不思議な現象をご紹介するワンコ先生です。

今回は、折り紙を折って遊ぶようなつもりで、お友だちとおもしろがってほしいんだ。作り方はページをめくると出てくるからね。もし、うまくいかなかったときは片目で見てみよう。また、スマートフォンで写真や動画を撮ってみると、きっと驚くような世界が目の前に出現するよ。

ワンコ先生

1 動画を見てみよう

お友だちが持っている大きなサイコロが、こちらに向けて飛び出してくるよ。下のQRコードから動画を見てみよう。

2 サイコロを近づけたり離したりしている

サイコロを手に持ったお友だちが、あなたに向かって、ゆっくりと近づけたり離したりしています。サイコロの形に見えますか？

見えていない人は片目をつぶってみましょう。

サイコロの形に
見えていない人は
片目をつぶって
みよう！

3 このサイコロ じつは立方体ではなかった

もうおわかりだと思います。お友だちが持っていたのは、じつは立方体のサイコロではなく、写真㊧のような、できそこないの箱型でした。立方体ではなく中央部がへこんだ形（凹型）にできたニセのサイコロだったのです。このような形に見えるものは、中央が飛び出している凸型だと脳が勘違いしてしまうのです。見えなかったという人は、写真㊨のように片手で持って、片目だけで見てください。

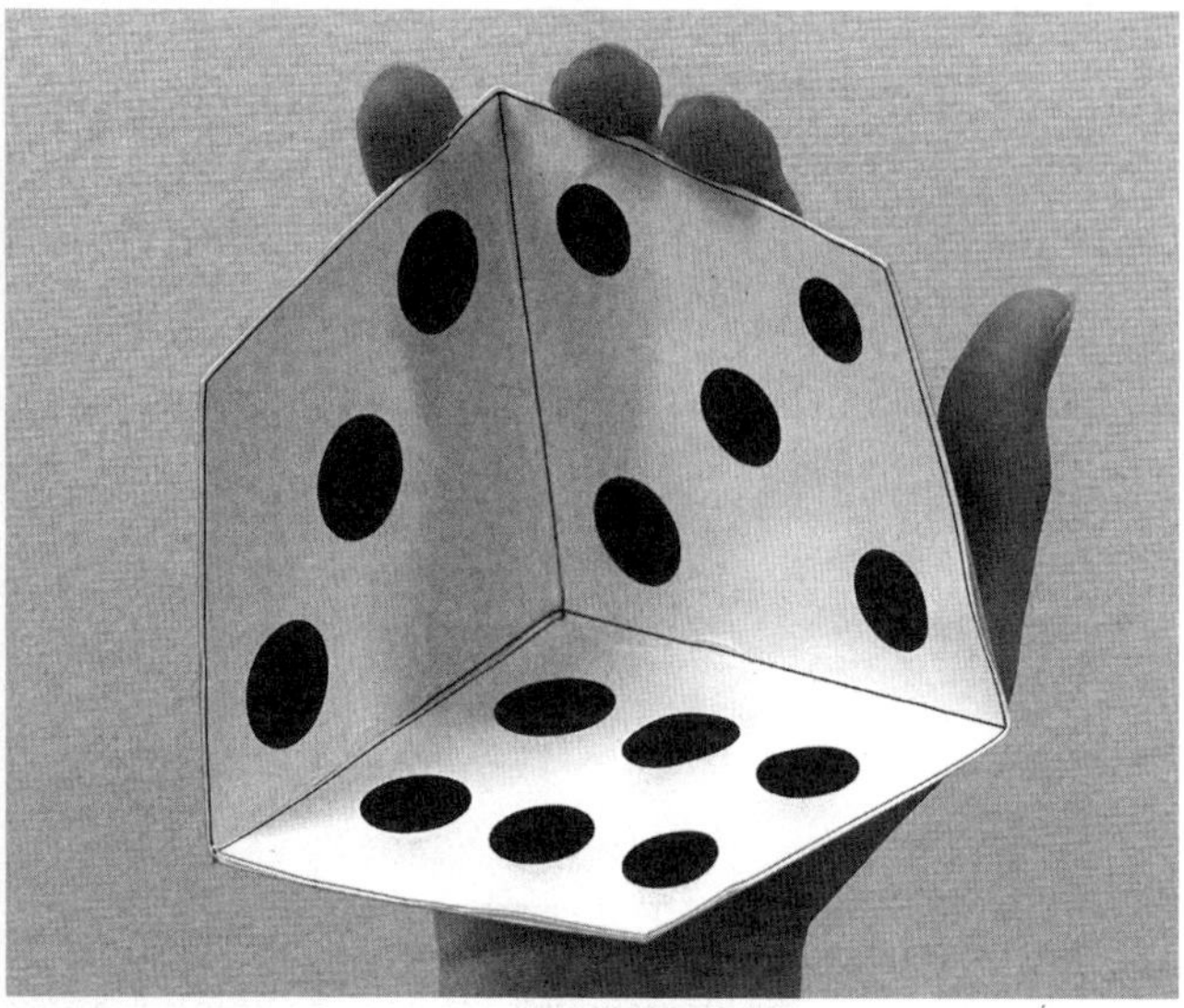

4 型紙を切り抜く

では、脳をだますことができる凹型のサイコロはどうやって作るのでしょうか。まずは85ページの【作り方】を参考にし、型紙を別の厚紙にのりづけし、切り抜くことから始めましょう。

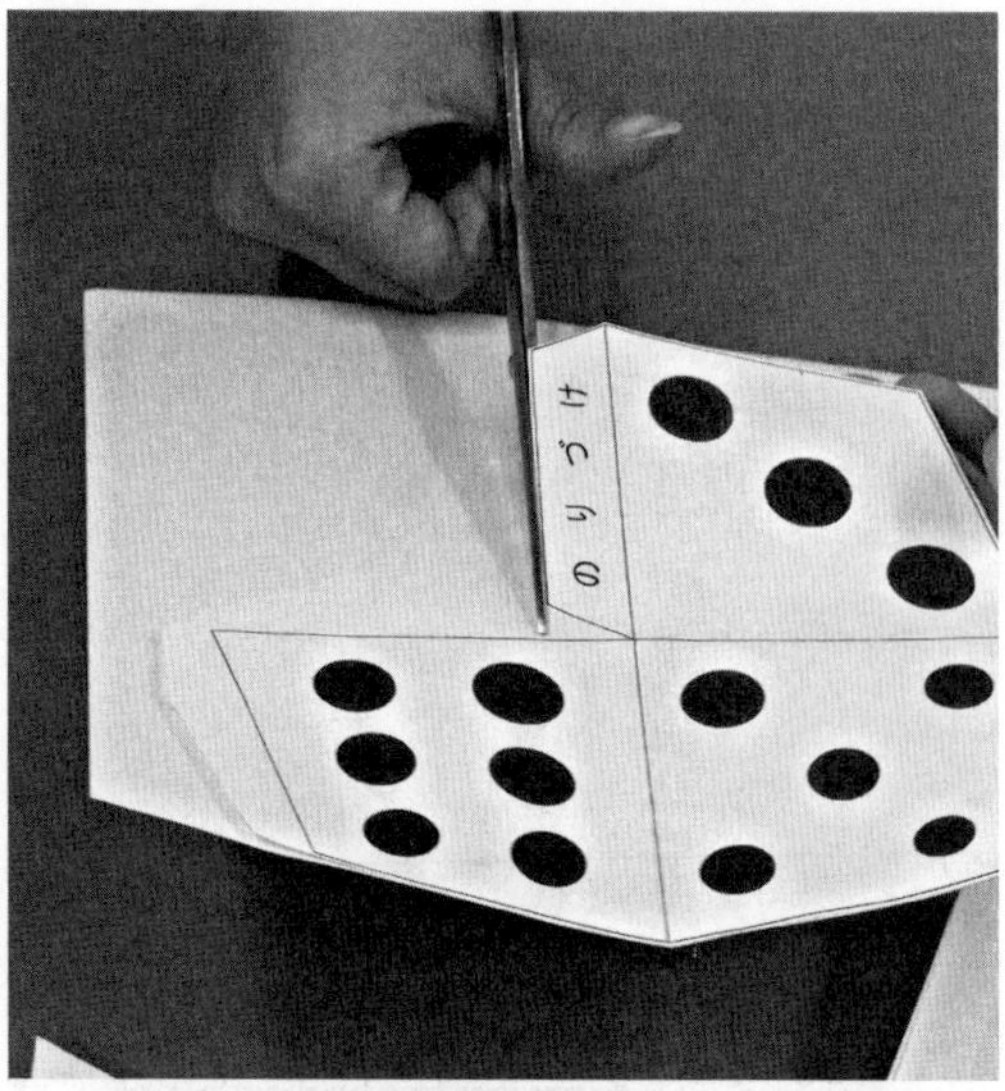

5 貼りあわせて箱型にする

【作り方】を参考にしながら、切り抜いた型紙を、内部の線に沿って谷折りにします。「のりづけ」の部分で凹型を作ります。のりづけ部を強化するために両面テープも効果的です。

【不思議なサイコロの作り方】

①このページの型紙をコピーする。
②型紙（コピー）の周囲１㎝ぐらいを囲むように切り取る。
③切り取った型紙（コピー）の裏面全体にのりをつけ、厚紙にのりづけする。
④型紙（コピー）の周囲の線に沿って、厚紙ごと丁寧に切り取る。
⑤内側の実線をすべて谷折りにする。
⑥「のりづけ」と記された面にのりをつけ、❸にあるような凹型の形にしてのりづけする。

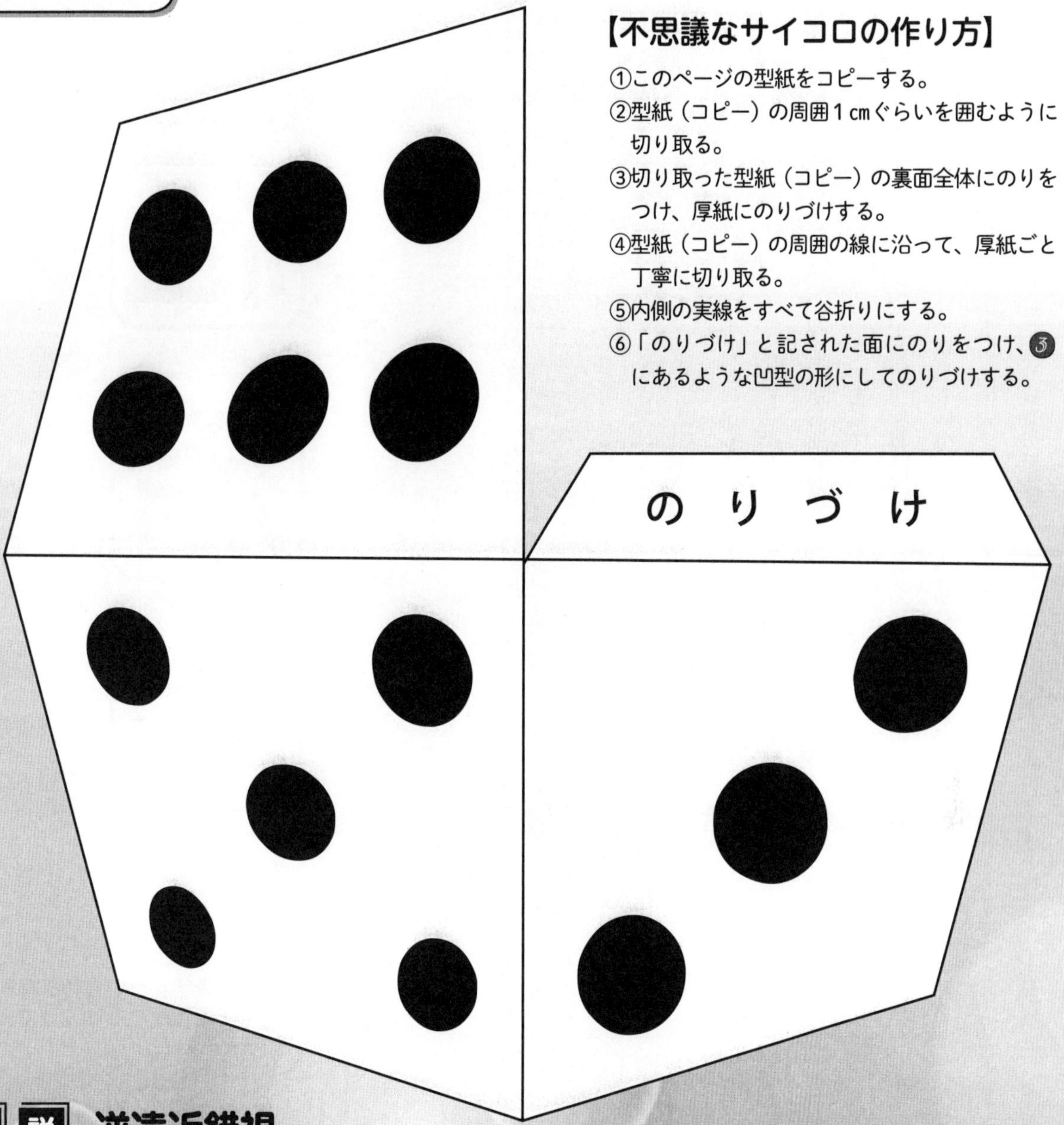

解 説 逆遠近錯視

これは「逆遠近錯視」と呼ばれる錯視の１つです。このサイコロは、手前に飛び出して見え、まるで手のひらで宙に浮かんでいるように感じます。実際には奥にへこんだ状態の箱なのですが、サイコロが手前に出ているものと脳が判断するため起きる現象です。さらに片目をつぶって見ると対象物に対する奥行き感が薄まり、錯視も強まります。

動画はこちら▶

サイコロが飛び出してくる様子は、こちらの動画でご覧ください。

そうだったのか！

中学生のための経済学

山本 謙三
オフィス金融経済イニシアティブ代表、前ＮＴＴデータ経営研究所取締役会長、元日本銀行理事。

「会計」は経済を支えるインフラ

「経済学」って聞くとみんなは、なにか堅〜いお話が始まるように感じるかもしれないけれど、現代社会の仕組みを知るには、「経済」を見る目を持っておくことは欠かせない素養です。そこで、経済コラムニストの山本謙三さんに身近な「経済学」について、わかりやすくお話しいただくことにしました。今回は、経営状況を把握するためには欠かせない、会計に関するお話です。

みなさんのなかには、お小遣い帳をつけている人もいるでしょう。また家計簿に、毎日のお金の出し入れを記している家庭もあると思います。収入や支出を帳面に書き、その結果生じる貯蓄の増減を知れば、来月大きな買いものをしてよいか、あるいは節約するべきかといった判断に役立ちます。

企業も同様で、売り上げや費用、利益（あるいは損失）を正確に把握することは、次の生産や投資の計画を立てるための前提として必要です。ただし、企業が帳簿をつける理由は、それだけにとどまりません。

会計が担う役割とは？

企業は、株式を発行して投資家から資金を集めたり、銀行からお金を借りたりしています。これを円滑に行うためには、お金の流れや使途を記録し、結果としての事業の採算や財政状態などを、投資家や銀行に報告する必要があります。こうした記録から報告までの一連の作業を「会計」と呼びます。会計は企業の事業活動を、関係者に信用してもらうための仕組みでもあるのです。

ここで、会計の話をする際にしばしば登場する用語を確認しておきましょう。一定のルールに従って財産の変動を帳簿に記入（記帳）し、整理する方法を「簿記《ぼき》」といいます。簿記では、記入する取引を「勘定科目」――現金や建物、資本金、売上、通信費、旅費交通費などの多数の科目――に振り分けます。この作業を「仕訳《しわけ》」と呼びます。仕訳は、なぜ入金があったのか、なににお金が使われたかなどを明らかにするための作業です。

株式会社はその規模にかかわらず、1年間の利益や損失を計算して業績を確定する「決算」を行う義務があります。仕訳をした帳簿が決算の資料となり、日次や月次、年次の処理を経て、最終的にその年の決算書が作られるのです。

企業の財政状況を示す財務3表

では、実際にはどのような決算書が作成されているのでしょうか。大企業を中心に、発行株式が証券取引所で売買されている会社（上場企業）は、「財務3表」と呼ばれる「貸借対照表（B／S、Balance Sheet）」「損益計算書（P／L、Profit and Loss Statement）」「キャッシュ・フロー計算書（Cash Flow Statement）」を作成し、対外的に公表（開示）しています。

©PIXTA

貸借対照表は、左側に「資産」、右側に「負債」と「純資産」を掲げた左右一対の表です。「資産」とは、現金や預金、土地、設備などの保有財産をいいます。「負債」と「純資産」は、「資産」を手に入れるための資金をどう調達したかを示すものです。借入金のような返済が必要なものは「負債」に、資本金や過去からの利益の蓄積など、返済が不要なものは「純資産」に計上します。「資産」の合計額と、「負債」「純資産」の合計額は必ず一致します。

また、損益計算書は、売上高がどれだけあり、そのためにどれほど費用を使い、結果どれだけの利益（損失）を得たかを示します。

キャッシュ・フロー計算書は、企業がただちに使える現金と預金の流れを表すものです。計算上は利益が出ている企業であっても、売り上げ代金を回収する前に借入金の返済期限が到来するなどして、資金が不足し、事業が行き詰まることがあります。そうした事態を見極めるために、この表も重視されています。

透明性のある会計が信頼を生む

財務3表は、取引の都度、連動して増減します。例として、売り上げが増え、代金の回収も進み、利益も上がっている企業のケースを考えてみましょう。この場合、①貸借対照表では「資産」項目の現金や預金が増加し、「純資産」も利益の分だけ同額増加、②損益計算書は利益が増加、③キャッシュ・フロー計算書は現預金の増加がプラスとなります。実際の取引はこれよりもはるかに複雑ですが、こうした作業を繰り返しながら帳簿が作られ、年間の決算につながります。

これが会計の仕組みです。そして投資家や銀行は、決算書がルールに基づき正確に作成されているかを重視します。そこで大企業は、自らが作成した決算書が正確であることの検証を外部の専門家に依頼し、その結果を決算書に添付します。

こうした検証を「外部監査」、実際に外部監査を行う専門家を「会計監査人」、決算書に添付する会計監査人からの報告を「監査報告書」と呼びます。企業は会計監査人のお墨つきを得た決算書を示すことで関係者から信頼を得て、円滑に資金調達を行えるようになります。

物々交換の時代と違って、現代の経済は顔を知らない人とも取引を行って生活を豊かにしています。その前提は、取引先が信頼できる相手であることです。そうした信頼を勝ち得るための仕組みが会計であり、経済を支えるインフラ（社会基盤）といえるのです。

淡路雅夫の

中学生の味方になる子育て 第11回
楽しむ 伸びる 育つ

profile 淡路雅夫（あわじ まさお） 淡路子育て教育研究所主宰。國學院大学大学院時代から一貫して家族・親子、教育問題を研究。元浅野中学高等学校校長

「君は、どう生きるか」を考える社会のなかで

いま書籍やアニメ映画などで「君はどう生きるか」という問いかけが、社会的風潮としてなされています。

現代はいわば、どのようにでも生きられ、仕事や生活も自分で選択できる社会です。中学生のみなさんもそろそろ自己の人生を考え始めてもよいと思います。

みなさんも気づいていると思いますが、これまで築かれてきた生活モデルが、社会の変化によって急速に崩れ出しています。

いままでのモデルでは、知識をたくさん蓄積して、学校でよい点数を取り、偏差値の高い学校から大企業に就職することが理想とされてきました。高学歴を手に入れ大企業に就職すれば、「終身雇用制」と年齢が上がるに従って給料も上がる「年功序列賃金制」により、少なくとも経済的に保障され、安定した豊かな生活を送ることができたのです。

ところが、平成時代に入って経済・社会の状況が激変し、新たにIT革命が起こって、いままでの生活環境が崩れ出しました。

先の見通しの立たない不安定な経済や社会状況の出現です。

とくに、日本経済を支えるはずの大企業ほど経営を阻害する問題を抱えて先行きが不安定になりました。

業種によっては10年後に生き残っていられるかを不安視する経済学者も出てきている状況です。

中学生のみなさんは、こうした不安定な社会にあっても、自分らしい生活ができるよう、人生の土台作りや準備を進める必要があります。

好きなことを見つけて挑戦 学び直して再挑戦もできる

人間は、だれでも楽しい人生を送りたいものです。では、楽しい生活とは、どのようなものでしょうか。これからの社会を予測しながら考えてみましょう。

まず、自己の興味や関心のあることを活かして生活できること。つまり好奇心を満足させながら、自ら納得できる生きがいを見つけ、色々好きなことに挑戦し、実践してみたいということでしょう。

そのために自己の生活を振り返り、必要なら学び直しての再挑戦も、自らの判断でできるでしょう。

そして、自分のやりたいことを実践するとき、自分1人では限界があるとすれば、お互いに支援や協力をしてくれる人が必要になります。

人は1人では生きられません。だからこそ人との出会いが大切で、その出会いのスタートは中学・高校生活から始まっているのです。

楽しい人生には、苦しさもつきものですが、たとえ苦しくても苦楽をともにできたり、相談でき、親身になってくれる友人がいて、その結果、楽しい生活が送れるのならば、苦しさもまた糧となる、そのことが大切なのです。

自分の個性を自らよく知り 多くの「引き出し」を作る

こうした楽しい人生を送るためには、次のような準備も必要になると思います。

まず、自分の個性を自らよく知り、その力を育て、磨いて、君らしい多くの「引き出し」を持つことです。君らしい「人間開発」といってもいいでしょう。

お互いの「引き出し」を知り、その長所短所を補いあえる友人を得ることも大切です。

自分の特徴、特技を育てるために大事なことは、日々の学びの目標を持ち段取りを組むことです。

これまでのモデルが通用しない君たちの将来は、生き方の難しい社会ともいわれます。しかし、考え方によっては、自由な生活のできる社会だともいえます。自分の人生は自分で切り開くことができるのです。そういう社会の転換期に、君はいま生きているのです。

「楽しくなければ人生ではない」という若者も増えています。一度だけの人生に向けて、中学生活は君の将来のための準備期間です。自己を活かすための土台をいま築くのです。

まずは、学習の基礎力を身につけ社会生活の基本を学ぶことです。そして、つねにポジティブに考えて「自分は大丈夫」と自己に言い聞かせ、なんでも体験してみよう、挑戦しよう、という意識を持つことです。

これからは生活面でも仕事の面でもうまくいかないことが当たり前です。むしろ、うまくいかないことの方が多いでしょう。

でも、そのために振り返りや学び直しの必要があるのです。学び直しとは、自己の生活を改善し進化させるための手段なのです。

〈つづく〉

PICK UP NEWS
ピックアップニュース！

物流の２０２４年問題への対応策として物流業界で活用が広がるダブル連結トラック。写真はヤマト運輸が運行するダブル連結トラック（撮影２０２１年３月30日）写真：時事

今回のテーマ

物流の2024年問題

政府が進める働き方改革の一環として自動車運転業務の長時間労働を改善するため、2024年４月から時間外労働に制限が設けられることになりました。

この結果、現在トラックなどの自動車で配達されている荷物の３割以上が届けられなくなるという試算があります。これを「物流の2024年問題」といいます。

厚生労働省の2021年の調査では、全産業の１年間の平均労働時間が2112時間なのに対して大型トラック運転手の労働時間は2544時間、中小型トラック運転手の労働時間は2484時間です。これは全産業の平均より400時間前後多いという状況です。逆に所得は全産業の平均年収が489万円なのに対し、大型トラック運転手は463万円、中小型トラック運転手は431万円と少なくなっています。

とくに長距離トラックの場合、継続した長時間労働、深夜の運行などが多く、寝不足などの健康問題も深刻化しています。しかも少子高齢化の影響でなり手が少なく、運転手の高齢化も進んでいます。

一方で新型コロナウイルス感染症の影響もあって、物流の絶対量は増えています。しかも日本の物流の９割はトラックなどの自動車が担っているのが現状です。

現在は会社側と従業員（運転手）の間で合意があれば時間外労働の制限はありませんが、来年４月以降は年960時間、月平均80時間の制限を設けることが決定しています。このことは運転手の労働改善の意味からもいいことなのですが、一方で運転手の収入が減少するという問題が発生します。さらに物流の絶対量が制限され、荷物が届かなくなる恐れがあるというわけです。冒頭で述べた３割以上というのは野村総合研究所の試算で、2030年には全国平均で現在の35％の荷物が運べなくなると予想しています。

対策としては運転手の待機時間を減らしたり、AI（人工知能）を活用した運送ルートの効率化、ドローン（無人機）による輸送の肩代わり、利用者が再配達を減らす、さらには外国人労働者の活用といったことがあげられていますが、一朝一夕にできることではありません。日本の物流は大きな転換点を迎えているといえそうです。

ジャーナリスト **大野 敏明**
（元大学講師・元産経新聞編集委員）

思わずだれかに話したくなる

名字の豆知識

第36回

都道府県別の名字　今回は

神奈川

神奈川の名字と全国ランキング

神奈川県に多い名字全国と大差ない？

　神奈川県は、相模国《さがみのくに》全部と武蔵国《むさしのくに》のうちの現在の横浜、川崎両市の地域を合わせて成立しました。

　鎌倉期から室町期にかけて、現在の神奈川県横浜市神奈川区付近を神奈河郷といいました。当時、神奈河という川が流れていたと考えられています。

　この川は水源がはっきりせず、上無川《かみなしがわ》と呼ばれ、それが訛って「かんなしがわ」に、さらに「かながわ」となり、神奈河、神奈川と書かれるようになったと思われます。

　幕末、アメリカは神奈川開港を強く主張、幕府は実際の神奈川より南の、現在の横浜市中区付近を「ここも神奈川だ」として開港します。当時、中区付近は横浜と呼ばれていて、神奈川に比べ、江戸よりは遠く人家もまばらでした。

　横浜を神奈川だと偽ったことから、横浜に神奈川奉行所や神奈川運上所《うんじょうしょ》を置くことになり、明治以降、近代化の整備とあいまって、神奈川が県名として定着、横浜に県庁を置くことになったのです。

　神奈川県も東京都同様、戦後、地方から多くの人が移住し、首都圏に通勤するようになりました。したがって神奈川県の固有姓を探し出すことは難しい作業です。

　まず、神奈川県の名字ベスト20です。鈴木、佐藤、高橋、渡辺、小林、田中、加藤、伊藤、中村、斎藤、山田、山本、山口、吉田、石井、井上、佐々木、木村、金子、清水です。全国の名字ベスト20と異なるのは松本、林がなく、その代わり石井、金子が入っていることです。ただ、神奈川県でも松本は23位、林は30位と上位です（新人物往来社『別冊歴史読本　日本の苗字ベスト１００００』より）。

　石井は茨城県の回で、そして金子も群馬県の回の武蔵七党の項でみました。いずれも関東に多い名字です。

　また、埼玉県の回でも武蔵七党について触れていますが、神奈川県にも多くの武蔵七党の支配地があり、埼玉県や東京都と共通の名字が多くみられます。

やっぱり気になる神奈川県の固有姓

全国のランキングとそう大きな差異のない神奈川県ですが、あえて固有の名字を探してみました。

石渡は全国713位ですが、神奈川県では100位です。全国の石渡さんの約4割が神奈川県在住です。しかし、神奈川県には石渡という地名は過去も現在もありません。青森県弘前市に石渡《いしわたり》という大字があり、長野県長野市に石《いし》渡《わた》という大字があるだけです。石渡という名字の由来は川の渡しに関係あると思われますが、詳細は不明です。平沼騏一郎《ひらぬまきいちろう》内閣で大蔵大臣を務めた石渡荘太郎《いしわたそうたろう》は東京都の出身です。

渋谷は全国223位、神奈川県では101位。全国の渋谷さんの1割以上が神奈川県に住んでいます。神奈川県の渋谷氏は相模国高座郡渋谷荘（現・神奈川県大和市渋谷）が発祥で桓武平氏。河崎重家《かわさきしげいえ》の子、重国《しげくに》が居住して渋谷氏を称し、源頼朝《みなもとのよりとも》に仕えました。

栗原は全国192位、神奈川県では108位です。栗原は文字通り、栗の木の生えている原という意味で、栗は貴重な穀物であることから、北は宮城県から南は佐賀県まで全国17カ所に地名があります。宮城県には栗原市があるほどです。神奈川県では座間市に栗原と栗原中央、南栗原があります。

角田は全国245位、神奈川では119位。四角く整備された田んぼ、あるいは角張った地形の田んぼ、さらにあるいは隅の田んぼなどが、そのまま地名となり、その地名が名字になっていったものと考えられます。

神奈川県の角田は愛甲郡愛川町角田が発祥で、「すみだ」と読みます。大阪府東大阪市の角田も「すみだ」です。北海道夕張郡栗山町角田と青森県黒石市角田は「かくた」と読みます。宮城県角田市は「かくだ」です。千葉県印西市角田は「つのだ」です。このほか山形県東田川郡三川町角田二口は「かくたふたくち」、大阪府大阪市北区角田町は「かくだちょう」、海水浴場で有名な新潟県新潟市西蒲区の角田浜は「かくだはま」です。まことにややこしい限りです。

柏木は全国484位、神奈川県では171位。柏の樹皮は染料になり、材は炭にもなります。また葉は大きく、古代は食器として使用しました。このため、朝廷で食事を司る人々を膳部《かしわで》といいました。いまも柏餅は健在ですね。このような重要な木であったため、柏のつく地名は多く、柏木という地名は全国に16カ所もあります。

東京都新宿区にも1970年まで、柏木という地名がありました。現在は西新宿と北新宿の一部となっています。しかし、神奈川県には柏木という地名はありません。にもかかわらず柏木姓が神奈川県に多い理由はわかりません。

弥生時代

前回の縄文時代に続いて、今回はその次の時代にあたる弥生時代を学ぼう。縄文時代と弥生時代の違いはどこか、答えられるかな？

勇 縄文時代の次は弥生時代だよね。

MQ 縄文時代晩期に稲作が北九州で始まり、縄文土器に代わって弥生土器が用いられたことから、紀元前3世紀ごろから紀元2～3世紀ぐらいまでを弥生時代というんだ。紀元前10世紀には農耕が始まり、弥生時代に入ったという説もあるよ。

静 なんで弥生時代っていうの？縄文時代の「縄文」は土器の文様のことだったけど、「弥生」って？

MQ 1884年に現在の東京都文京区弥生で土器が発見され、弥生土器と呼ばれたことから、時代の名称も弥生時代というんだ。

勇 弥生土器ってどんな土器？

MQ 縄文土器に比べて薄手で硬く、形は飾り気がなく簡素で生活用に徹しているといえるね。また、高温で焼かれているため、赤褐色《せきかっしょく》のものが多いんだ。弥生時代は土器の形態から前期、中期、後期に区分されるけど、早期を入れて4期に分ける説もあるんだ。

静 「弥生」は土器が発見された場所の地名だったんだね。農耕はどのように広がっていったの？

MQ 弥生時代の農耕は大陸から伝わった水稲耕作《すいとうこうさく》で、青銅器や鉄器も使われている。北九州から始まり、中国、四国、近畿を経て紀元前100年ごろには東海地方に伝わり、いまから2000年前くらいまでには東北地方北部にまで達したと考えられているよ。

勇 弥生時代の遺跡や出土品に地域差のようなものはあるの？

MQ 北九州からは甕棺《かめかん》、支石墓《しせきぼ》のような棺や墓が出土している。西日本からは銅剣や銅矛《どうほこ》、近畿地方や中部地方からは銅鐸《どうたく》が出土するなど、地域による特色がみられるね。

静 弥生時代の人たちはどんな生活をしていたの？

MQ 農耕技術の進化に伴って、人々は水田に近いところに集合して暮らすようになる。植物の繊維で衣服を作るようになり、機織《はたお》りも始まるんだ。さらに豊作を祈る呪術的なお祭が行われるなど、大きな変化が起こった。収穫されたコメなどを蓄えるようにもなり、貧富の格差が生まれたのも弥生時代だよ。

勇 現代社会の原形みたいな感じがするね。

MQ そうだね。有力者が集落を支配するようになり、さらには集落と集落が結びついて地域的な集団が形成されるようになって、支配する集団の利益のために他の集団と争うというようなことも起こった。こうした集団が小国家に発展し、戦争も始まるようになったんだ。

ミステリーハンターQ（略してMQ）

米テキサス州出身。某有名エジプト学者の弟子。1980年代より気鋭の考古学者として注目されつつあるが本名はだれも知らない。日本の歴史について探る画期的な著書『歴史を掘る』の発刊準備を進めている。

山本 勇

中学3年生。幼稚園のころにテレビの大河ドラマを見て、歴史にはまる。将来は大河ドラマに出たいと思っている。あこがれは織田信長。最近のマイブームは仏像鑑賞。好きな芸能人はみうらじゅん。

春日 静

中学1年生。カバンのなかにはつねに、読みかけの歴史小説が入っている根っからの歴女。あこがれは坂本龍馬。特技は年号の暗記のための語呂合わせを作ること。好きな芸能人は福山雅治。

身の回りにある、
知っていると
役に立つかもしれない
知識をお届け!!

サクセス印のなるほどコラム

知って得する？　ヒマワリの話

この夏の思い出は？

外は暑くてひたすら家にいたから、とくに思い出といわれても……。

まるで寝正月の夏バージョンってとこだね。

うまい！　その通り！

そこをホメられてもなあ（笑）。

たまに、日中、外に出ることが数回あったんだけど、ヒマワリを見つけたんだよ。

ヒマワリ？　あの黄色い花のヒマワリ？

そうそう、そのヒマワリ。ヒマワリってかわいいなあって、なんか、まじまじと思ったんだ。

まあ、確かにヒマワリの花って、顔みたいにも見えてかわいいよね。

そこじゃなくて！　咲く前のヒマワリの花ってさ、太陽に向かっていることが多いよね？？

漢字では向日葵って書くよね。

へえ～。そんな漢字で書くんだね。この３文字目の「葵」ってなんて読むの？

これはね、「あおい」って読むんだ。

なんか聞いたことがある！　徳川家の家紋ってやつ？

そう、「三つ葉葵」だ。アオイという植物が家紋に入っている。

アオイってどんな植物？

「三つ葉葵」の原型はフタバアオイという植物なんだけど、本来、フタバアオイには葉が２つしかなくて、そこに１枚書き加えたのが「三つ葉葵」の紋らしい。

へえ～。

京都の賀茂《かも》神社（賀茂別雷《かもわけいかづち》神社と賀茂御祖《かもみおや》神社）の例大祭として有名な葵祭《あおいまつり》の「葵」も、フタバアオイが由来らしい。賀茂神社ではフタバアオイを神聖な植物と考えて、大事にしているんだって。だからフタバアオイの別名を「賀茂葵」ともいうんだそうだ。

神聖な植物かあ～。

それで、ヒマワリのどのあたりがかわいいと思うの？

さっき言いかけて忘れてた！　太陽に向かっているところがかわいくない？　なんでだろう？　ヒマワリは太陽の光が好きなのかな？

高校時代の生物の先生が、ヒマワリが太陽を向いて成長する理由を教えてくれたよ。

それで？

ヒマワリに限らないんだけど、植物の茎は太陽の光が当たる部分よりも、当たらない部分の方が成長が早いらしいんだ。太陽が当たらない後ろ側の茎が伸びる。そうなると自然とつぼみが太陽の方に向くってことらしい。

へえ～、なるほどね！

ヒマワリは花が大きいからそういった動きもめだちやすく、太陽の方を向いて成長するというイメージが定着したんだったと思うよ。

自然の力で動いているってことだから、すごいなあ～。それにしても、先生はよく高校時代のことを覚えているね！

高校の勉強っておもしろくてね。クイズ番組のような問題を出してくる先生がいたりして、そのあたりはよく覚えた気がするよ。

ボクの中学にはクイズ好きの先生はいないなぁ。

私たちの高校時代はノンビリしていたのかも。

先生と生徒が授業で遊んでいたんだからね。

ドキッ！　遊んでいたわけじゃあ（苦笑）。

中学生でもわかる 高校数学のススメ

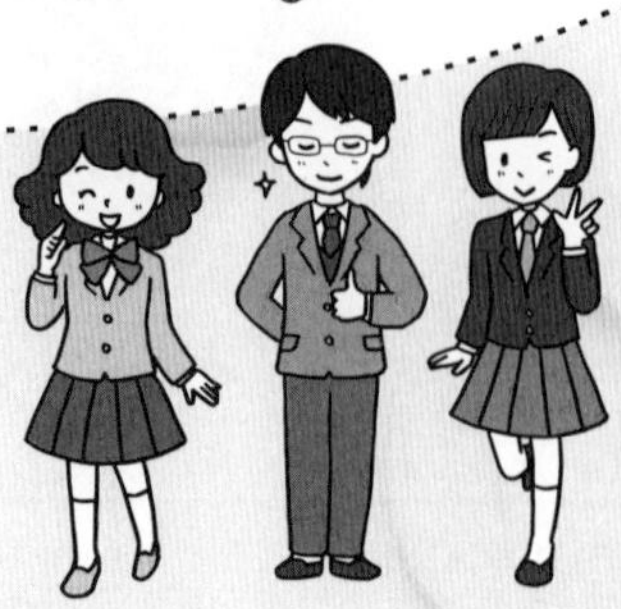

高校数学では、早く答えを出すことよりもきちんと答えを出すこと、
つまり答えそのものだけでなく、答えを導くまでの過程も重視します。
なぜなら、それが記号論理学である数学の本質だからです。
さあ、高校数学の世界をひと足先に体験してみましょう！

written by
『サクセス15』編集部数学研究会

Lecture! 正多面体

高校数学では、多面体を学習します。さて、多面体とは？　「平面だけで囲まれた立体」のことです。そのなかで、どの面もすべて合同な正多角形で、どの頂点にも面が同じ数だけ集まったへこみのない多面体を正多面体といいます。
その正多面体は以下の５個しかありません。

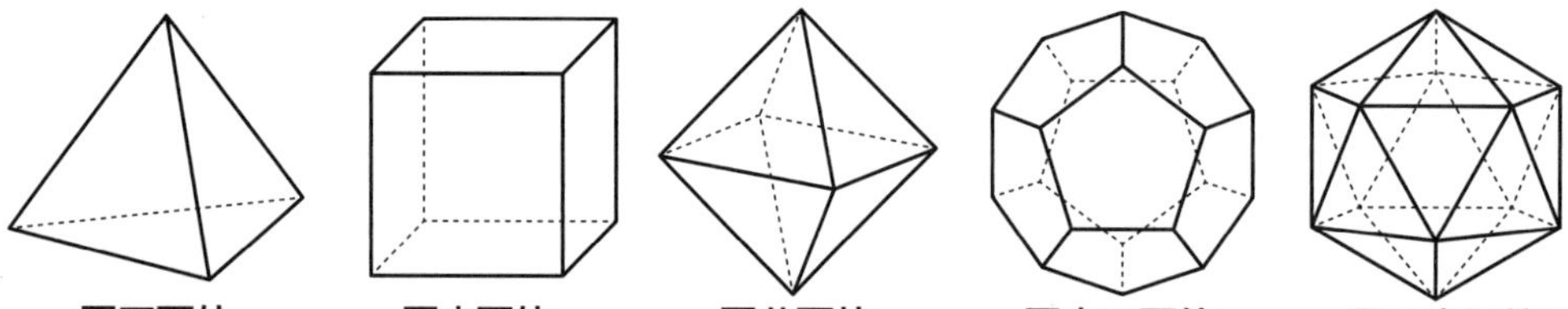

正四面体　正六面体　正八面体　正十二面体　正二十面体

ここで面の数、頂点の数、辺の数をチェックしてみます。

正多面体の名前	面の数(f)	頂点の数(v)	辺の数(e)	$f+v-e$
正四面体	4	4	6	2
正六面体	6	8	12	2
正八面体	8	6	12	2
正十二面体	12	20	30	2
正二十面体	20	12	30	2

矢印で結んだ数は同じですが、こうした特徴があるので、じつは思ったよりも覚えやすかったりします。
そして！　面の数＋頂点の数－辺の数$=f+v-e=2$
つねに２になるのです。これを“オイラーの多面体定理”といい、正多面体に限らず、すべての多面体に成り立ちます。

今回学習してほしいこと

正多面体とは、多面体のなかでも特別な多面体であり、どの面もすべて合同な正多角形で、どの頂点にも面が同じ数だけ集まったへこみのない多面体である。

練習問題

上級

右の図はサッカーボールの元になる立体です。この立体は正二十面体の頂点を切ってできた立体で、“切頂二十面体”といいます。したがって、正多面体ではありません。さて、この辺の数はいくつあるでしょうか？

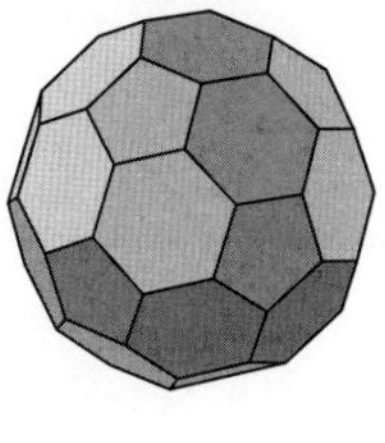

中級

1辺の長さが1の正四面体の体積を求めなさい。

初級

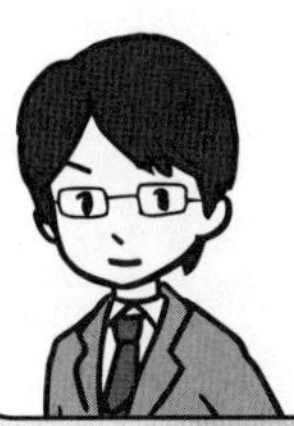

右の立体は正四面体を2つつなげた立体です。
この立体の名前は？
また、これは正多面体といえますか？

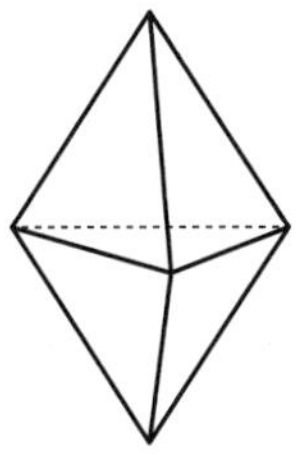

解答・解説は次のページへ！

解答・解説

上級

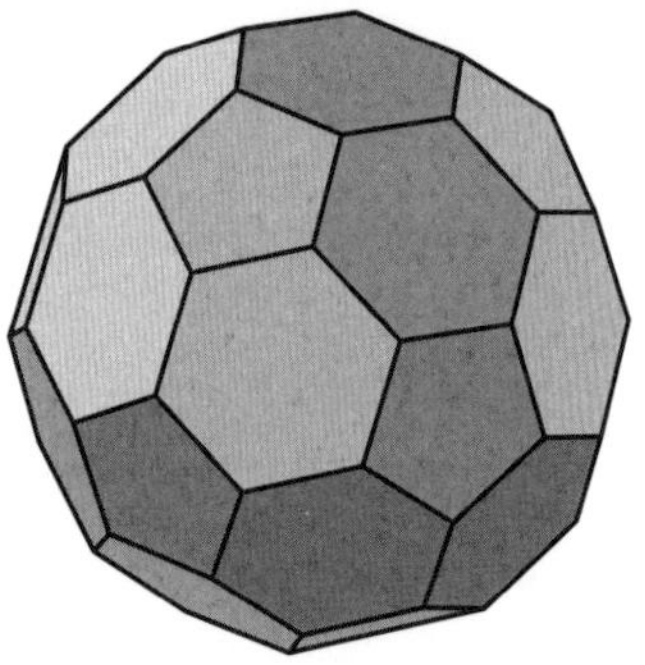

じつは、本文にヒントが書いてあったのです。

正二十面体の頂点を切ったということは、正二十面体の頂点が12個ですから、12カ所が図の５角形になります。
12カ所が５角形の頂点５個になるので、切頂二十面体の頂点の数が
5×12＝60個になります。……①

また、正二十面体の面の数が20に対して、正二十面体の頂点の12個分だけ面が増えるので、20＋12＝32面できます。……②

①、②とオイラーの多面体定理を用いて
面の数＋頂点の数－辺の数＝2ですから、
32＋60－辺の数＝2を解いて、
辺の数は**90本**です。

答え	90本

中級

1辺の長さが1の正四面体の体積を、以下の1辺の長さが$\frac{\sqrt{2}}{2}$の立方体から求める方法があります。

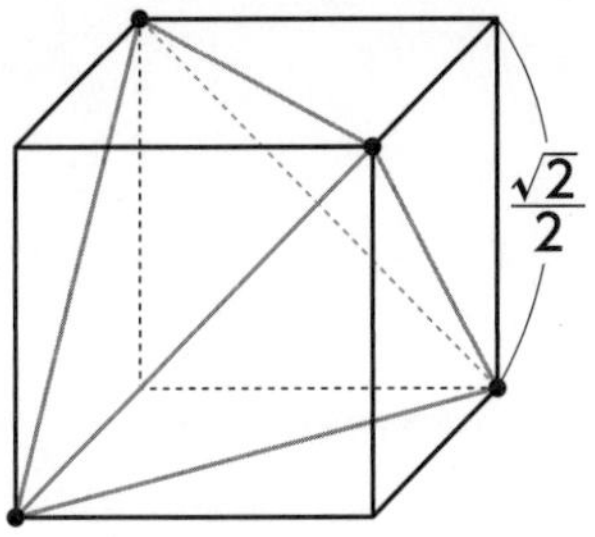

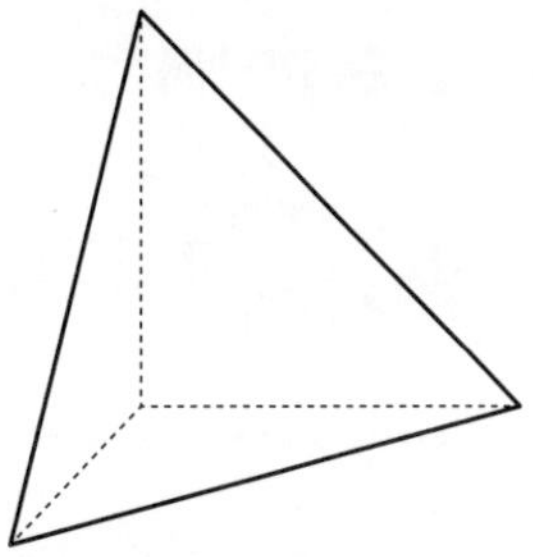

この立方体の上面と下面に対角線を引くとできる4点を結ぶと正四面体が表れます(左図)。そこで正四面体の体積は、立方体から右図の小三角錐を4個取り去ればいいと考えます。

よって、この1辺の長さが1の正四面体の体積は

(立方体)－(小三角錐)×4

$$=\frac{\sqrt{2}}{2}\times\frac{\sqrt{2}}{2}\times\frac{\sqrt{2}}{2}-\left(\frac{\sqrt{2}}{2}\times\frac{\sqrt{2}}{2}\times\frac{1}{2}\times\frac{\sqrt{2}}{2}\times\frac{1}{3}\right)\times 4=\boldsymbol{\frac{\sqrt{2}}{12}}$$

答え　$\frac{\sqrt{2}}{12}$

初級

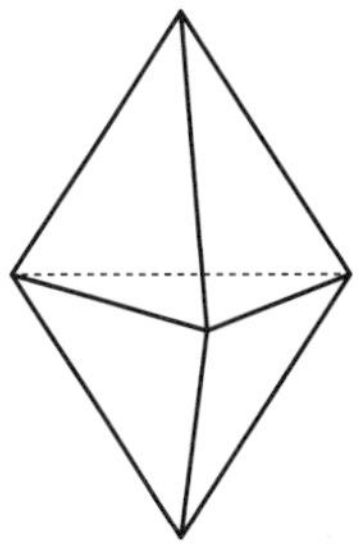

この立体を**デルタ六面体**といいます。

この立体は頂点に集まる面の数が3面(上下)と4面(上下以外)の2種類になるので、**正多面体ではありません。**

答え　**デルタ6面体　正多面体ではない**

Success Book Review

摩訶不思議な世界に迷い込んだ主人公は……

今月の1冊

『f植物園の巣穴』

著者／梨木香歩
刊行／朝日新聞出版
価格／638円（税込）

新しい植物園に転勤してきた「私」は、ある日の夜、職場からの帰り道で大きな巣穴に落ちる。落ちるが、何事もなかったようにめざめる。夢かと思ったが、そこから主人公の周りでおかしなことが起き始める。

最初は歯医者だ。転勤前から歯が痛かったのに、忙しいことを理由にほったらかしていたのだ。どうしても我慢できず、近くの歯医者に行くと、なにやらおかしい。

まず、患者が自分しかいない。まあそういうこともあるかと治療の時間を迎えたが、どう見ても助手をしている歯科医の妻が「イヌ」だ。

でも歯科医は、妻は前世がイヌだったから、忙しいときはこんな姿になってしまう、と、さもなんでもないことのように説明する。

下宿先の大家もおかしい。時々、頭だけ「雌鶏」になっている。

ほかにもわけのわからないことに次々と遭遇するのだが、一方で普通の日常も過ぎていくため、主人公も不思議に思いつつも日々を送っていく。

これだけ読むと、いったいどういう小説なのだろうと首をかしげてしまうことだろう。実際にこの本を読んでいても、最初はそう感じるに違いない。しかし、そこで止まらずに読み進めてもらいたい。

語り口は決してドラマチックではなく、むしろところどころに現れる、植物の静かでも生命力を感じさせるような描写と同じように、落ち着いている。

それでも、この不思議な世界に主人公が足を踏み入れた理由はなんなのか、そして、そこから物語がどう展開していくのか、目が離せなくなっていくはずだ。

筆者はベストセラー小説『西の魔女が死んだ』の梨木香歩。彼女の小説には『家守綺譚』『冬虫夏草』のように、人ならざるものや異世界と人とのかかわりが描かれる作品も多く、本作もそれに連なる一作だ。

ファンタジー、とまでは言えないが、摩訶不思議な世界と現実との境界があいまいになるような感覚を味わえることだろう。

耳よりツブより情報とどきたて

電子レンジで加熱したのに冷たい「冷やし中華」がおいしくできあがった

できあがった冷やし中華。冷たい麺はモチモチでおいしかった

電子レンジでは氷が解けにくい弱点を逆利用

「電子レンジは食材を温めるもの」という常識を破り、電子レンジで作る冷やし中華が、そのおいしさとともに、いま注目を集めています。

編集部でも、この冷凍食品を買い求めて早速調理してみました。袋から取り出し500Wで３分半温めるのですが、特徴的なのが、取り出した麺の上にたくさんの氷の粒（２～３㎝角）が載っていること。

「えっ、チンするのに氷？」「ベチョベチョにならないの？」と、編集部一同の疑問。

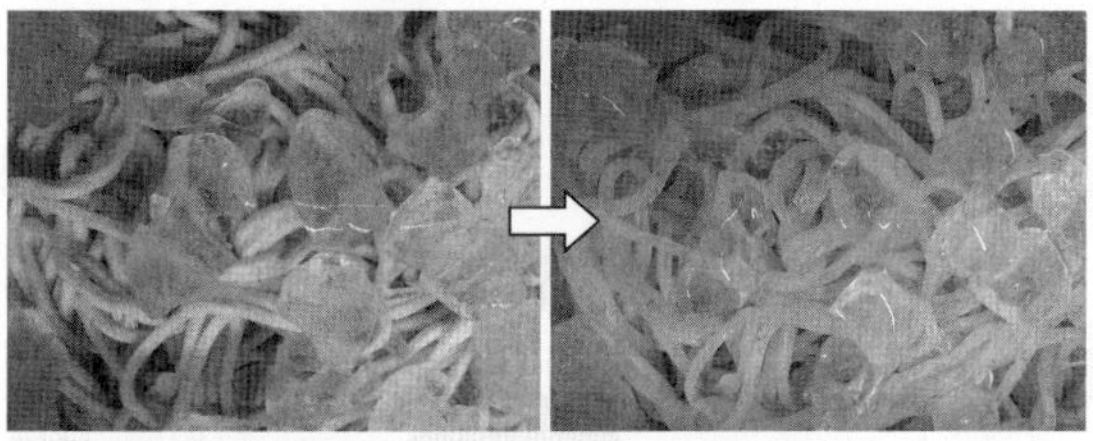

電子レンジに入れる前の氷の様子㊧。3分半、チンしたあとも氷は半分ぐらいの大きさで解け残っていた㊨（写真はいずれも撮影/本誌）

ところが、チンしたあとの氷は解けきらず、それぞれ半分ぐらいの大きさで残っていたのです。

そこで温められた麺に解凍された具材を載せ、取り置いていた冷たいスープをかけて、麺をほぐすと、残っていた氷が解けて、麺も冷たくなり、おいしい冷やし中華が、できあがりました。

この不思議な冷やし中華は、電子レンジで使うマイクロ波（電磁波）の特徴である「水分は温めやすいものの、氷は温まりにくく解けにくい」という性質を利用したものです。

電子レンジに使用されているマイクロ波（2450MHz）は、水の分子を激しく振動させて温度を上げるものなのですが、氷は固体なので、水分子が振動しにくいのです。水分は氷に比べて、約8000倍も加熱されやすいといわれています。

弱点といってもよい、氷との関係を逆に利用した商品だったのですね。ご紹介した商品は、（株）ニチレイフーズの冷凍食品「冷やし中華」でした。

解いてすっきり パズルでひといき

今月号の問題

英語クロスワードパズル

カギを手がかりにマスに英単語を入れてパズルを完成させましょう。

最後にa～fのマスの文字を順に並べてできる単語を答えてください。

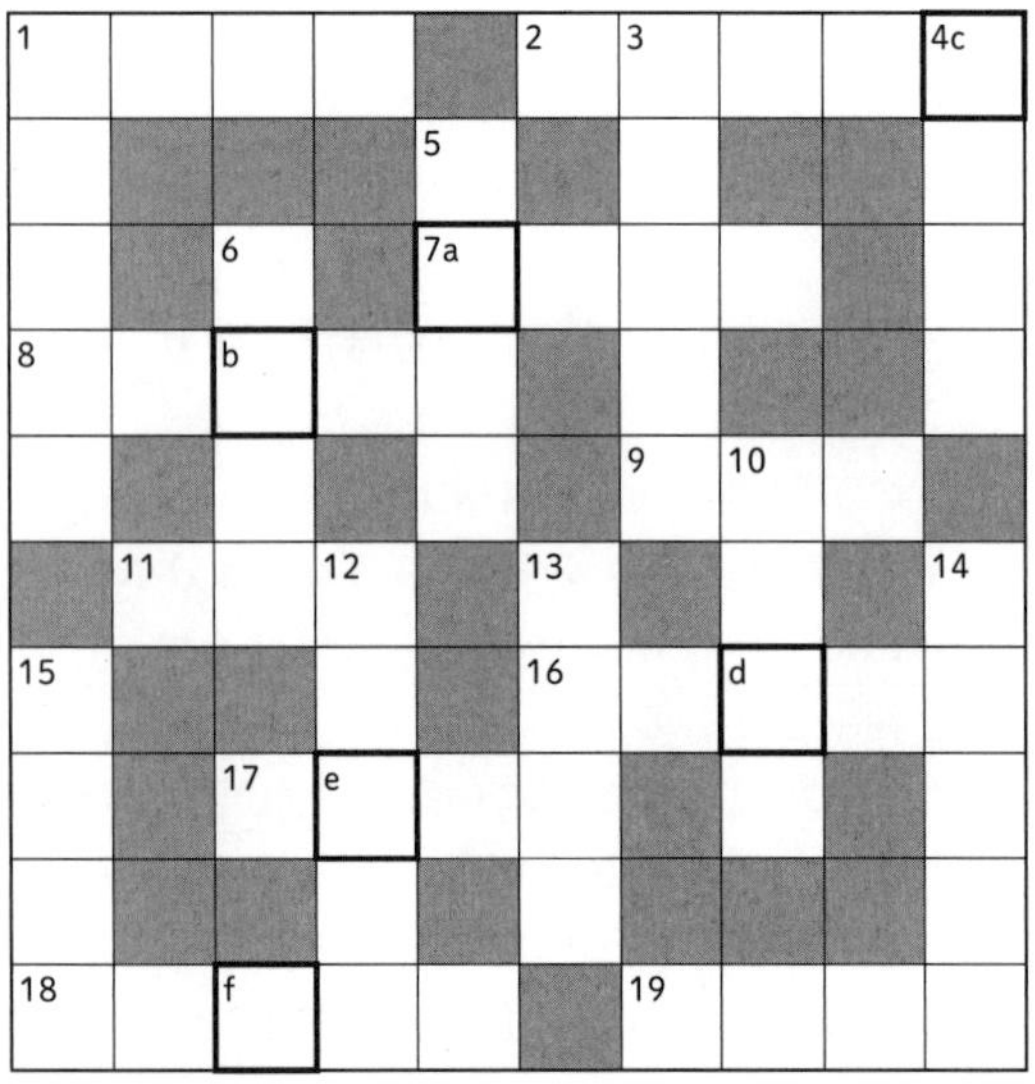

ヨコのカギ（Across）

1 the color of the sky on a sunny day
2 the color of earth or coffee
7 I ____ to finish this work today.
（私はこの仕事を今日終えなければなりません。）
8 ⇔ open
9 ____ away（逃げる・逃げ出す）
11 ____'s play tennis.（テニスをしましょう。）
16 thisの複数形
17 アジア
18 a glass of ____（コップ１杯の水）
19 I'm ____ with my homework.
（ぼくは宿題で忙しい。）

タテのカギ（Down）

1 海岸・砂浜
3 the Hudson ____（ハドソン川）
4 ____ to meet you.（お会いできて嬉しいです。）
5 ____ I was twelve, I lived in Kyoto.
（12歳のとき、私は京都に住んでいました。）
6 ____ here.（こっちに来て。）
10 a ____ car（中古車）
12 This milk ____s sour.
（この牛乳は酸っぱい味がする。）
13 the ____s and Stripes（アメリカ国旗・星条旗）
14 ⇔ light
15 ____ up（成長する・大人になる）

応募方法

下のQRコードまたは104ページからご応募ください。

◎正解者のなかから抽選で右の「**オープンリングノート opno**」をプレゼントいたします。

◎当選者の発表は本誌2024年２月号誌上の予定です。

◎**応募締切日 2023年10月４日**

今月のプレゼント！

ページの入替・追加ができるソフトリングノート

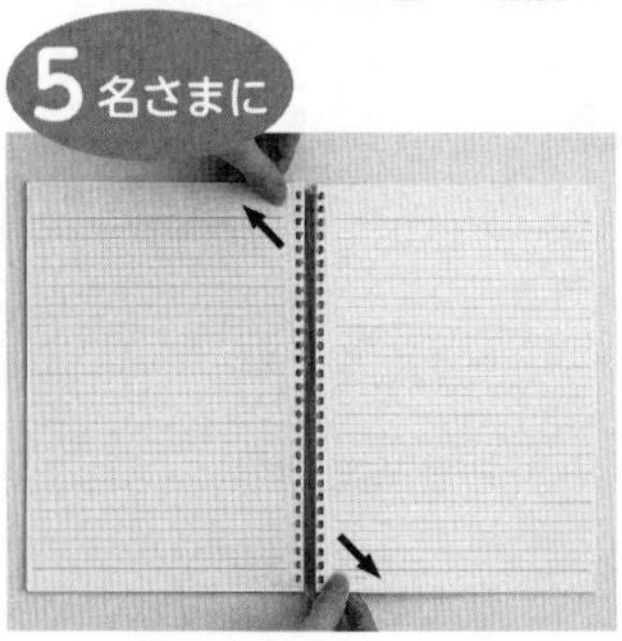

通常、リングノートはページを入替・追加できないものがほとんどですが、この「オープンリングノート opno」（LIHIT LAB.）は、左右のページを上下斜めに引くとリングが開き、ページを抜き差しすることが可能です。加えて、リングがソフトなプラスチック素材になっているのも大きな特徴の１つ。作業中に手が当たっても痛くないので、長い時間集中して勉強に取り組むことができます。

6月号の答えと解説

解答 バナナ

6月号の問題

４つの箱Ａ～Ｄには、パイナップル、バナナ、メロン、モモの４種類のフルーツのどれかが入っています。また、箱の外側には、下の図のように、その４種類のフルーツのイラストのどれかが描かれていますが、箱に描かれたイラストと箱の中身とはどれも一致していません。さらに、以下の①～④のことがわかっているとき、箱Ａのなかに入っているフルーツはなんでしょうか？

① 箱Ａのなかに入っているのは、箱Ｂに描かれているフルーツである。
② 箱Ｃのなかに入っているのは、箱Ｃ以外のバナナが入っている箱に描かれているフルーツである。
③ 箱Ｄのなかに入っているのは、箱Ｄ以外のモモが入っている箱に描かれているフルーツである。
④ 箱Ｄには、パイナップルもバナナも入っていない。

解説

条件の③、④から、Dには、モモ、パイナップル、バナナのどれも入っていないので、メロンが入っていることになります。また、メロンが描かれている箱にはモモが入っていることになります。以下、条件の①、②を考慮しながら、メロンの描かれた箱がA～Cのどれかを場合分けして調べます。

メロンの描かれた箱がＡだとすると、表１のようになります。すると、Ｂのなかはバナナとなり、Ｃのなかにもモモがあることになって、条件に合いません。

表１

箱	A	B	C	D
箱に描かれたフルーツ	メロン	モモ		
箱のなかに入っているフルーツ	モモ		（バナナではない）	メロン

メロンの描かれた箱がＢだとすると、表２のようにＡの中身もメロンとなって、条件に合いません。

表２

箱	A	B	C	D
箱に描かれたフルーツ		メロン		
箱のなかに入っているフルーツ	メロン	モモ	（バナナではない）	メロン

メロンの描かれた箱がＣだとすると、表３から、モモが描かれた箱はＢでもDでもないので、Ａの箱と分かります。

表３

箱	A	B	C	D
箱に描かれたフルーツ		○	メロン	
箱のなかに入っているフルーツ	○		モモ	メロン

以上より、箱Ａ～Ｄに描かれたフルーツと、箱のなかに入っているフルーツの種類を表にすると表４のようになります。

表４

箱	A	B	C	D
箱に描かれたフルーツ	モモ	バナナ	メロン	パイナップル
箱のなかに入っているフルーツ	バナナ	パイナップル	モモ	メロン

6月号パズル当選者（全応募者29名）

畔高 結愛さん（東京都・中２）　斉藤 慧さん（東京都・中２）
鈴木 蒼士さん（千葉県・小６）　竹中 華音さん（埼玉県・中１）　藤本 潤さん（埼玉県・中２）

夢が広がる高校選びの情報満載!

Success15

バックナンバー好評発売中!

2023年 8月号
学校に行こう!
学校説明会 ここがポイント
Special School Selection
東京都立日比谷高等学校
研究室にズームイン
京都大学フィールド科学
教育研究センター
市川光太郎准教授
私立高校WATCHING
明治大学付属明治高等学校

2023年 6月号
高校受験まであと270日
そのときどきに
「やるべきこと」はなにか?
宮大工の技術が光る
日本の伝統「社寺建築」とは?
Special School Selection
早稲田大学本庄高等学院
高校WATCHING
法政大学高等学校
東京都立小山台高等学校

2023年 4月号
高校に進んだら
文系、理系 あなたはどうする?
多くの不思議議がそこに!
地図を旅しよう
Special School Selection
東京都立戸山高等学校
高校WATCHING
淑徳与野高等学校
神奈川県立湘南高等学校

2023年 2月号
さあ来い! 入試 ポジティブ大作戦
Special School Selection
早稲田大学高等学院
研究室にズームイン
鳥取大学乾燥地研究センター
山中典和教授
高校WATCHING
中央大学高等学校
埼玉県立浦和第一女子高等学校

2022年 12月号
東京都中学校
英語スピーキングテスト
Special School Selection
渋谷教育学園幕張高等学校
研究室にズームイン
東京大学先端科学技術研究センター
西成活裕教授
公立高校WATCHING
東京都立青山高等学校

2022年 10月号
模擬試験を活用して
合格への道を切りひらく
進化し続ける交通系ICカード
Special School Selection
東京学芸大学附属高等学校
公立高校WATCHING
東京都立八王子東高等学校

2022年 8月号
学校説明会に行こう!
Special School Selection
お茶の水女子大学附属高等学校
研究室にズームイン
東京海洋大学 茂木正人教授
私立高校WATCHING
成蹊高等学校

2022年 6月号
自分に合った高校を選ぶには
陶磁器の世界にご招待!
Special School Selection
東京都立国立高等学校
高校WATCHING
青山学院高等部
神奈川県立厚木高等学校

2022年 4月号
高校受験生のこの1年
私たちの生活を支える「物流」
Special School Selection
筑波大学附属駒場高等学校
高校WATCHING
昭和学院秀英高等学校
埼玉県立川越女子高等学校

2023年 夏・増刊号
中学生だって知ってほしい「大学改革」
日本の大学が変わる!
不思議を目撃!
なぜなに科学実験室
私立高校WATCHING
拓殖大学第一高等学校
公立高校WATCHING
埼玉県立大宮高等学校

2022年 秋・増刊号
「変わる大学」に備えよう!
いよいよ見えた! 大学新時代
盛りだくさんの独自プログラムで
将来につながる力が身につく
私立4校の魅力とは!?
市川高等学校
栄東高等学校
城北高等学校
桐朋高等学校

これより以前のバックナンバーはホームページでご覧いただけます (https://www.g-ap.com/)

バックナンバーはAmazonもしくは富士山マガジンサービスにてお求めください。

夢が広がる高校選びの情報満載！

Success15

10月号

表紙：東京都立西高等学校

FROM EDITORS 編集室から

『サクセス15』には校長先生や広報の先生、部活動を頑張っている先輩や現役大学生など、学校や教育現場にかかわる人々や生徒・学生に焦点をあてた記事がそろっています。みなさんは今回の『サクセス15』のなかで、どの記事や学校に興味を持ちましたか？

教育内容はもちろん、先生の言葉や思い、写真から伝わってくる学校の雰囲気や生徒の表情など、記事から「その学校らしさ」を感じてほしい……。編集部では、そんな思いを胸に、日々、取材とライティングに励んでいます。こんな記事が読んでみたい、この学校を取り上げてほしいなどのご意見等がございましたら、ぜひ編集部までお寄せください。 (K)

Next Issue 秋・増刊号

Special

女子大の強み紹介します

国公私立いま注目の3校

なぜなに科学実験室 次々に色が変わる風船

※特集内容および掲載校は変更されることがあります。

Information

『サクセス15』は全国の書店にてお買い求めいただけますが、万が一、書店店頭に見当たらない場合は、書店にてご注文いただくか、弊社販売部、もしくはホームページ（104ページ下記参照）よりご注文ください。送料弊社負担にてお送りします。定期購読をご希望いただく場合も、上記と同様の方法でご連絡ください。

Opinion, Impression & ETC

本誌をお読みになられてのご感想・ご意見・ご提言などがありましたら、104ページ下記のあて先より、ぜひ当編集室までお声をお寄せください。また、「こんな記事が読みたい」というご要望や、「こういうときはどうしたらいいの」といったご質問などもお待ちしております。今後の参考にさせていただきますので、よろしくお願いいたします。

サクセス編集室 お問い合わせ先

TEL : 03-5939-7928 FAX : 03-3253-5945

今後の発行予定

10月16日 秋・増刊号	2024年3月15日 2024年4月号
11月17日 12月号	2024年5月15日 2024年6月号
2024年1月15日 2024年2月号	2024年7月15日 2024年8月号

FAX送信用紙

※封書での郵送時にもコピーしてご使用ください。

100ページ「英語クロスワードパズル」の答え

氏名

学年

住所（〒　　　－　　　）

電話番号

（　　　　　）

現在、塾に

通っている　・　通っていない

通っている場合

塾名

（校舎名　　　　　）

面白かった記事には○を、つまらなかった記事には×をそれぞれ３つずつ（　）内にご記入ください。

（　）04 Special School Selection 東京都立西高等学校
（　）11 研究室にズームイン 東京工業大学　田中 博人 准教授
（　）18 私立高校WATCHING 桐光学園高等学校
（　）22 ワクワクドキドキ　熱中部活動 保善高等学校 釣り研究部
（　）26 突撃スクールレポート 岩倉高等学校
（　）31 第１志望校 キミは決まった？
（　）38 受験生のための明日へのトビラ
（　）40 スクペディア 桜丘高等学校
（　）41 スクペディア 八千代松陰高等学校
（　）42 知って得するお役立ちアドバイス！
（　）46 レッツトライ！　入試問題
（　）58 帰国生が活躍する学校 西大和学園高等学校
（　）61 中学生の未来のために！ 大学入試ここがポイント
（　）62 東大入試突破への現代文の習慣
（　）66 頑張れ高校受験生！ 今の努力を未来に生かそう ―大学受験を見据えた学習の進め方―数学
（　）68 東大生リトの とリトめのない話
（　）70 キャンパスデイズ十人十色
（　）74 マナビー先生の最先端科学ナビ
（　）81 for中学生 らくらくプログラミング
（　）82 なぜなに科学実験室
（　）86 中学生のための経済学
（　）88 淡路雅夫の中学生の味方になる子育て 楽しむ 伸びる 育つ
（　）89 ピックアップニュース！
（　）90 思わずだれかに話したくなる 名字の豆知識
（　）92 ミステリーハンターQの タイムスリップ歴史塾
（　）93 サクセス印のなるほどコラム
（　）94 中学生でもわかる 高校数学のススメ
（　）98 Success Book Review
（　）99 耳よりツブより情報とどきたて
（　）100 解いてすっきり パズルでひといき

FAX.03-3253-5945

FAX番号をお間違えのないようお確かめください

サクセス15の感想

高校受験ガイドブック2023 10　Success15

発　行：2023年９月19日 初版第一刷発行
発行所：株式会社グローバル教育出版　〒101-0047 東京都千代田区内神田2-4-2 一広グローバルビル3F
ＴＥＬ：03-3253-5944
ＦＡＸ：03-3253-5945
Ｈ　Ｐ：https://success.waseda-ac.net/
e-mail：success15@g-ap.com

郵便振替口座番号：00130-3-779535
編　集：サクセス編集室
編集協力：株式会社 早稲田アカデミー

【個人情報利用目的】ご記入いただいた個人情報は、プレゼントの発送およびアンケート調査の結果集計に利用させていただきます。